高速公路沥青路面新式碾压混凝土基层设计施工技术

吴传海　许新权　周　勇　著

人民交通出版社股份有限公司
China Communications Press Co.,Ltd.

内 容 提 要

本书系统介绍了高速公路沥青路面新式碾压混凝土基层的设计方法与施工技术，主要内容包括：碾压混凝土基层沥青路面结构设计，新式碾压混凝土基层材料配合比设计与路用性能，新式碾压混凝土基层施工工艺及质量控制，碾压混凝土基层沥青路面试验路铺筑效果及示范工程等。本书介绍的新式碾压混凝土基层设计施工技术对提高国内沥青路面的性能，延长路面的使用寿命提供了一个新的途径。

本书可供从事道路工程科研、设计、施工及监理的技术人员使用，也可供高等院校相关专业的师生参考。

图书在版编目(CIP)数据

高速公路沥青路面新式碾压混凝土基层设计施工技术/吴传海，许新权，周勇著. — 北京 ：人民交通出版社股份有限公司，2016.7

ISBN 978-7-114-12988-9

Ⅰ.①高… Ⅱ.①吴… ②许… ③周… Ⅲ.①高速公路—沥青路面—设计 ②高速公路—沥青路面—道路施工 Ⅳ.①U416.217

中国版本图书馆 CIP 数据核字(2016)第 095684 号

书　　名：高速公路沥青路面新式碾压混凝土基层设计施工技术
著 作 者：吴传海　许新权　周　勇
责任编辑：卢俊丽　闫吉维
出版发行：人民交通出版社股份有限公司
地　　址：(100011)北京市朝阳区安定门外外馆斜街 3 号
网　　址：http://www.ccpress.com.cn
销售电话：(010)59757973
总 经 销：人民交通出版社股份有限公司发行部
经　　销：各地新华书店
印　　刷：北京鑫正大印刷有限公司
开　　本：787×1092　1/16
印　　张：9.25
字　　数：220 千
版　　次：2016 年 7 月　第 1 版
印　　次：2016 年 7 月　第 1 次印刷
书　　号：ISBN 978-7-114-12988-9
定　　价：36.00 元
(有印刷、装订质量问题的图书由本公司负责调换)

前　言

我国高速公路多采用半刚性基层沥青路面结构，这对提高路面结构整体刚度、降低公路工程初期造价起到了重要作用。然而，由于传统半刚性基层材料自身缺陷的存在，广东省乃至全国大部分地区半刚性基层沥青路面在使用 2～3 年内性能尚好，但在通车营运 5 年之后会开始出现大量的裂缝病害，经过 7～8 年之后就开始出现唧泥、破碎等现象，需要进行路面大修才能维持其服务水平。碾压混凝土基层相比传统的半刚性基层具有以下优点：①强度和耐疲劳性能优于传统的半刚性基层；②采用预切缝的形式释放温度和干缩应力，可减少不规则裂缝；③抗冲刷性能较优，可改善多雨潮湿地区的沥青路面唧泥、坑槽等病害；④施工期强度高，传统半刚性基层在施工车辆的作用下会出现一定程度的表面松散，而碾压混凝土基层的早期强度较高、完整性好，与封层的黏结紧密，能够保证沥青路面各结构层的整体受力。

鉴于此，广东华路交通科技有限公司（原广东省交通科研所）于 2010 年立项开展“基于碾压混凝土基层的沥青路面设计及应用研究”，依托广东云梧高速公路成功铺筑了双幅 7.5km 的碾压混凝土基层试验路。课题通过理论分析、室内试验研究和实体工程验证，形成了以下成果：提出了碾压混凝土基层耐久性沥青路面结构设计的控制指标和方法，推荐了耐久性沥青路面典型结构；提出了高效率连续拌和式碾压混凝土材料的配合比设计方法；总结了一套新式碾压混凝土基层施工工艺；制定了新式碾压混凝土基层施工质量控制关键指标与标准；制定了新式碾压混凝土基层的施工定额。研究成果在广东云罗高速公路、广乐高速公路、梅大高速公路等重点项目上进行了推广使用，推广使用里程超过 300km。

本书在总结归纳相关研究成果的基础上，系统介绍了我国沥青路面的发展现状及面临的主要问题、碾压混凝土基层沥青路面结构设计、碾压混凝土基层材料配合比设计与路用性能、新式碾压混凝土基层施工工艺及质量控制、碾压混凝土基层沥青路面试验路铺筑效果及示范工程等内容，旨在为提高沥青路面性能、延长路面的使用寿命做出贡献。本书可供从事道路工程科研、设计、施工及监理的技术人员使用，也可供高等院校相关专业的师生参考。

本书共分为 7 章，其中第 1、6 章由吴传海撰写，第 5、7 章由许新权撰写，第 3 章由周勇撰写，第 2 章由吴建良撰写，第 4 章由伍宇撰写。全书的审阅和统稿由吴传海完成。

本书的研究工作得到了广东省交通集团有限公司黄建跃总工程师的大力支持和帮助，课题研究过程中舒翔教授级高工、刘宇博士做了大量的指导工作，在试验路实施的过程中得到了广东云梧高速公路有限公司、广东省长大公路工程有限公司等单位的大力支持，在此表示衷心的感谢。

由于作者的知识及水平有限，书中难免存在不足之处，恳请广大读者不吝指正，不胜感谢。

著　者

2016 年 1 月

前　言

目　　录

第1章　绪　论

1.1　我国沥青路面发展现状

改革开放30多年来，是我国高速公路历史上交通发展速度最快、规模最大、最具活力的时期。我国仅用短短十多年的时间走完了发达国家半个多世纪的发展历程。根据交通运输部统计资料，截至2014年年底，全国公路总里程446.39万km，其中，二级及以上公路里程54.56万km，高速公路里程11.19万km，农村公路(含县道、乡道、村道)里程388.16万km。

路面结构是公路建设的重要组成部分，在我国高等级公路中，沥青路面结构是高速公路的主要路面形式。因此，合理选择沥青路面的结构形式，是减少沥青路面早期损坏、提高路面耐久性、延长使用寿命的重要措施之一。伴随着高速公路事业的发展，我国科研工作者也积极开展高速公路沥青路面的研究，并取得了众多喜人的成果，其中，关于沥青路面结构设计与施工方面的研究是广大道路工作者研究的热点。我国早期的沥青路面结构大量采用半刚性基层结构，这是由当时我国的国情决定的。由于半刚性基层具有整体强度高、板体性好等优点，使得沥青路面具有很高的承载能力。但是，近几年高等级公路，特别是高速公路的使用实践证明，传统半刚性基层沥青路面客观存在一些不可避免的技术问题，如半刚性基层强度衰减过快、对重载较为敏感，以及开裂、唧泥等现象已引起道路界同行的重视，国内学者开始转向柔性基层、复合式基层路面的研究。

通过近几十年的发展，我国沥青路面结构已由传统的薄沥青层和半刚性基层组合成的单一结构形式发展成为多种结构形式并存的新时期，特别是交通运输部公路局发布的《关于防治高速公路沥青路面早期损坏的指导意见》(交公路发〔2005〕523号)指出，高速公路沥青路面应增加沥青层厚度，同时研究和推广应用柔性沥青路面结构，以减少早期损坏，提高沥青路面耐久性。在此之后，我国沥青路面结构形式走向新的发展局面。当前我国新建高速公路沥青路面结构形式如图1.1-1所示。

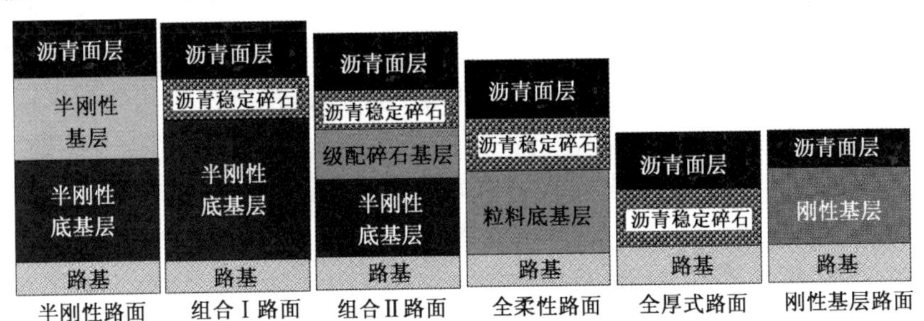

图1.1-1　当前我国新建高速公路沥青路面结构形式

2005 年以来，我国沥青路面主流发展方向是由薄沥青层和强而厚的半刚性基层组成的沥青路面结构，向柔性基层形式、厚沥青层方向发展；同时，沥青材料由单层改性沥青向双层改性沥青方向发展，而且南方由 70 号沥青向 50 号、30 号低标号沥青发展，甚至部分采用三层改性沥青。

当前我国高速公路总里程中，包含 6 种结构的沥青路面结构形式，其中比例最大的是传统半刚性沥青路面结构，约占 59.6%，这主要是由于 2005 年之前，我国高速公路基本上 80%以上都是这种结构；其次是组合式Ⅰ路面，其主要特征是沥青层较厚，半刚性基层减薄或作为底基层，实际上 2005 年之后 75%以上新建高速公路采用这种结构；2006 年之后，级配碎石作为下基层的组合式Ⅱ路面开始逐渐得到应用，如福建、河北、吉林、辽宁、云南、贵州、重庆、湖北、湖南、广西、广东等省（自治区、直辖市），目前总里程达到 7 000km 以上。对于厚沥青层厚级配碎石（28cm 以上）的全柔性路面以及刚性基层沥青路面也都有应用，但是尚未成为主要结构形式之一。全厚式沥青路面在我国仅限于试验路，很少有实体工程大面积应用。我国高速公路沥青路面不同结构形式比例（2012 年）如图 1.1-2 所示。

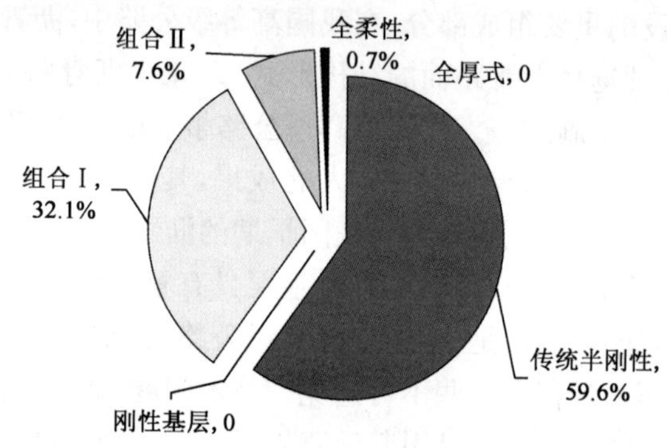

图 1.1-2　我国高速公路沥青路面不同结构形式比例（2012 年）

1.2　半刚性基层存在的主要问题

虽然我国公路事业得到了空前的发展，而且高等级公路沥青路面总体使用状况是比较好的，但是，由于我国高等级公路的建设起步晚、技术储备少、经济基础差，以及我国的气候和交通荷载条件恶劣、优质的道路石油沥青缺乏等原因，部分公路通常达不到设计寿命就发生损坏，有的高速公路甚至营运 2～3 年就开始出现较严重的车辙、裂缝、坑槽、泛油等病害，导致路面需要进行大规模的养护，造成大量的维修费用、用户费用的浪费，给社会带来巨大的经济损失，同时带来不良的社会影响。因此，延长路面的使用寿命不仅是经济效益问题，更是一个社会关注的热点问题，如何设计和建设具有更长寿命的高速公路，是广东省乃至全国公路建设管理者目前最为关心的问题。

根据调查发现，我国路面使用质量和使用寿命达不到应有水平，其主要原因是基层强度不足或基层强度衰减较快造成的。我国传统的高速公路沥青路面多为半刚性基层沥青路面结构。不可否认，半刚性基层的使用，大大增强了路面结构的整体抗变形能力，结构层底面的弯拉应力也变得微不足道或几乎不受弯拉应力；同时，因半刚性基层能够充分利用当地较经济的材料，也大大降低了公路工程的初期造价。但是，我国传统的半刚性基层沥青路面却存在以下一些问题：

(1)传统半刚性基层易产生不规则裂缝，并反射至沥青面层。

半刚性基层由于其材料本身的特性，不可避免地会出现收缩裂缝，这种裂缝也必然会反射到沥青面层上来(图 1.2-1)。据调查统计，我国沥青路面裂缝病害在通车的前两三年表现得并不突出，但是通车四五年以后，裂缝将成为沥青路面的主要病害，并由此而导致沉陷、唧泥(图 1.2-2)、松散等众多病害的产生，造成高速公路的早期破坏。此外，由于这些裂缝发生的时间不确定，出现的位置不规则，这些不规则的裂缝会进一步增加路面发生病害的概率，也会给养护工作带来较大的困难。

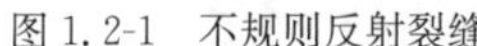

图 1.2-1　不规则反射裂缝

图 1.2-2　反射裂缝处唧泥

(2)传统半刚性基层材料抗冲刷性能不足，易导致唧泥、坑槽等病害。

半刚性基层在公路路面开裂渗水或排水不畅的情况下，在面层底部与半刚性基层界面上会发生存水现象。由于传统半刚性基层不耐冲刷性，水在动力荷载作用下侵蚀半刚性基层，路面就会发生唧泥、翻浆现象，从而引起路面更大范围的坑槽、开裂，导致路面出现严重的破坏。特别是对于南方多雨地区的沥青路面，这更是一个严峻的考验。

(3)传统半刚性基层交叉施工时易出现表面松散，使得层间出现软弱滑动夹层。

我国修建高速公路，工期一般都比较短，赶工现象时有发生，使得交叉施工几乎不可避免，导致层间污染严重，见图 1.2-3。而我国传统半刚性基层早期强度较低，在施工车辆的碾压下不可避免地会出现一定程度的表面松散，松散层会将本应层间连续的路面结构变为滑动结构，使路面处于不利的受力状态(图 1.2-4)。此外，松散的基层也会使其上部的封层黏结力降低，从而失去封水的作用。

(4)传统半刚性基层强度衰减较快，对重载交通作用较为敏感。

传统半刚性基层虽然具有很好的整体性，但是在使用过程中，半刚性基层材料的强度、模量会由于干湿和冻融循环，在反复荷载的作用下因疲劳而逐渐衰减(图 1.2-5)。按照南非的理论，半刚性基层的状态是由整块向大块、小块、碎块变化。因此，目前我国这种按照整体结构的概念设计路面是偏于不安全的。另外，半刚性基层沥青路面对重载车来说具有更大的轴载敏感性。对于经济发达广东地区，交通量大，重载车比例高，传统的半刚性基层沥青路面难以为继。图 1.2-6 为承载力不足引起的坑槽。

图 1.2-3　施工污染

图 1.2-4　半刚性材料表面松散

图 1.2-5　半刚性强度衰减

图 1.2-6　承载力不足引起坑槽

(5)传统半刚性基层沥青路面损坏后维修困难,全寿命周期费用较高。

半刚性基层路面发生的病害一般是结构性破坏,对这些病害进行修复往往要采用“开膛破肚”的方式,这种维修方式实施起来困难较大,费用较高,直接导致其全寿命周期内的费用增加。

工程实践表明,由于传统半刚性基层材料自身缺陷的存在,使得广东省乃至全国大部分地区半刚性基层沥青路面在使用一两年内性能尚好,但在通车营运三五年之后会开始出现大面积的裂缝病害,经过七八年之后就开始出现唧泥、破碎现象,十年左右路面就开始产生破碎、局部出现沉陷等严重病害,路面就需要进行大修以维持其服务性能。

1.3　碾压混凝土应用概况

1.3.1　国外应用简介

碾压混凝土(Roller Compacted Concrete,简称 RCC)是一种单位用水量较少、坍落度为零的超干硬性混凝土,适用于大体积混凝土工程。自 1981 年日本建成世界上第一座碾压混凝土重力坝——坝高89m的岛地川坝以来，碾压混凝土技术在世界各国得到了广泛应用。

碾压混凝土应用于道路的发展则可追溯到第一次世界大战前后，最早应用于木材储存场、停车场、森林与矿山运输道路、军事交通道路等工程中。在20世纪初，比利时等欧洲国家已开始利用碾压混凝土来修筑水泥混凝土路面，但直到20世纪70年代石油危机导致石油沥青价格上涨，道路碾压混凝土才真正得以发展，其原因和背景在于：

①沥青价格高涨。

②摊铺机等施工机械的技术性能得到了较大的提高。

③碾压混凝土筑坝技术日趋完善和普及。

④道路建设、维修费用迅速增长，不断要求使用开发费用低、耐久性好的道路材料。

⑤重车和大交通量的发展对基层的要求日益提高。

20世纪70年代中期，美、英、日等国家开始对碾压混凝土进行研究，有许多国家已进入应用阶段，如西班牙、法国、挪威、瑞典、美国、加拿大、日本、澳大利亚等。

1975年9月，由美国陆军工兵部队水路试验站主持进行振动式和静载式压路机在干硬性水泥混凝土路面上振碾和压碾效率的测试。经测定，采用重型振动压路机振碾干硬性混凝土非常有效；而且，这种经振碾后的混凝土强度性能优良，路面表面平整度、表面纹理和路面承受的交通量能满足对次要道路和街道的耐磨层、牵引道、坦克试验场的使用要求。这种混凝土也可作为任何路面体系的基层。

1976年，加拿大首次在不列颠哥伦比亚省铺筑碾压混凝土路面70 000m^2，其承载能力和强度全部超过设计要求。使用过程中，路面虽有裂缝出现，但不影响使用，至今没有发生冻融破坏。1981年挪威开始在公路上应用碾压混凝土。相继，碾压混凝土路面在相当多的国家得到采用，如美国、法国、日本等。据统计，截至1986年，碾压混凝土路面施工总面积超过800万m^2，其中施工面积西班牙450万m^2，法国230万m^2，加拿大80万m^2，美国40万m^2，瑞典14万m^2。

1985年西班牙某高速公路拓宽车道的施工，在基层为15cm厚的水泥稳定层上铺筑23cm厚的RCC层，RCC层上加铺5cm厚的热拌沥青混合料。安达卢西亚高速公路上，设置20cm的水泥稳定层，其上铺设25cm厚的RCC，为了养生和兼作黏层油，洒布了沥青乳液，上层铺设了6cm沥青混合料联结层和4cm沥青混凝土。为防止反射裂缝的产生，在联结层和表层的沥青混凝土之间，使用了起加固作用的织物类材料。1984～1986年间，西班牙在高等级干线公路上，将RCC作为路面下层，上层铺筑沥青层，铺设面积已经达到$3.0\times10^5m^2$。1989～1991年，西班牙在马德里通往法国边界的某高速公路上修筑RCC-AC复合式路面，双层式AC层厚达12cm。

20世纪80年代中后期，碾压混凝土在日本也得到迅速发展。1985年，日本铺筑山阳道试验段，试验段长99.5m、宽28m，面积2 540m^2。1987年，建设部关东技术事务所与日本水泥协会合作，进行了预想为重交通道路上的碾压混凝土试验路施工，取得了初步成果。1988年，又在关东技术事务所院内道路上进行了预想为轻交通道路上的第二次碾压混凝土试验路施工。1989年，日本铺筑了多条碾压混凝土路面试验段：①国道18号线上新干道试验路，国道18号线是连接高崎与新潟市的本州横向干线道路，该试验路是北陆地区国道17号线试验路后的第二条碾压混凝土试验路，试验路长150m，宽9.5m；②九州高速公路大手木隧道及日光谷隧道铺筑试验段，试验段在大手木隧道 402m 长，在日光谷隧道 217m 长，宽均为 7.61m，设计车速均为 80km/h；③四国高速公路立川隧道试验路，该试验路位于爱媛县交通量很大的高速公路隧道处，建成后 2 个月累计通过大型车 1 万辆：④宇部美祢高速公路特大型车专用道路试验路，该试验路长 200m，宽 8m。试验路经过 3 个月的使用，大型车换算轴数 39 万辆，除路表稍有细颗粒飞散外，完全保持良好的状态。日本近年来碾压混凝土用于道路的比例逐渐增大，但用于高等级公路仍然较少。

澳大利亚的塔斯马尼亚州于 1986 年 11 月开始试验铺筑高强度碾压混凝土路面，至 1987 年 10 月共完成试验路铺筑 60 000m^2。其中包括邓肯煤矿的运输公路、塔斯马尼亚州电力—冶金公司的一些停车场和材料堆存场、霍巴特附近国道上茶树路试验路段、霍巴特海滨公路、动力艇码头、戈里叶特水泥厂停车场和公路等。试验路段碾压混凝土强度高且强度增长块，部分试验路在铺筑后 2h 内即开放交通。此后，碾压混凝土筑路技术在澳大利亚得到推广应用。1989 年 1 月，澳大利亚 Penith 市在水泥稳定基层上修筑了 RCC-AC 复合式路面，RCC 厚 10cm，抗压强度为 30MPa，AC 层厚 17.5cm。1989 年 11 月，Orange 市直接在土基上修筑 RCC 路面厚 20cm，在其上加铺沥青磨耗层。1991 年 11 月，Lake Macquarie 市在 Medealf 街道修筑了长 700m、宽 12m 的 RCC-AC 复合式路面，该街道路面因长期受潮和重交通作用已被严重破坏；新建的 RCC-AC 路面结构为 20cm 的水泥稳定粒料基层，20cm RCC 层，4cmAC 层，设计使用寿命为 20 年，1992 年发现了几条反射裂缝，但其宽度小于 1mm，并未对使用性能产生影响。巴西一些城市也在市区承受中等交通和重交通的道路上成功铺筑了这种类型路面。

目前，北美和欧洲是世界上道路碾压混凝土应用最多、技术最成熟的地区。美国在波特兰国际机场道路工程中首次将道路碾压混凝土直接用于道面，加拿大是目前世界上道路碾压混凝土工程应用最多的国家。瑞典通常将道路碾压混凝土用于一般公路、货场、车站等；西班牙将碾压混凝土用于高速公路沥青面层（通常 8cm 厚）的下层结构；澳大利亚则将道路碾压混凝土用于高速公路路基等。日本道路协会于 1990 年提出了《碾压混凝土路面技术指南》并初步解决了其平整度难题。2002 年印度在从 Ropar 至 Punjab 公路的面层修筑中首次采用了粉煤灰取代量高达 50%且 28d 抗压强度、抗弯拉强度分别高达 41.6MPa、7.6MPa 的新型高掺量粉煤灰碾压混凝土，取得了很好的技术经济效果。近年来，法、英等国将纤维增强技术应用于道路碾压混凝土，研发了可实现无接缝路面的钢纤维碾压混凝土，并由法国申请了技术专利 FRCC™，推动了碾压混凝土新技术的发展。

1.3.2 国内碾压混凝土应用简介

由于碾压混凝土路面具有技术经济上的诸多优势，将其应用于高等级公路的尝试成为公路建设一个引人注目的热点。我国在 20 世纪 80 年代初开始碾压混凝土路面铺筑技术的研究，先后有十多个省市列项研究，把碾压混凝土路面作为研究重点之一，对碾压混凝土路面的强度形成机理、材料组成、施工工艺及路用性能等进行了系统研究。

1981 年，交通部公路科学研究院与安徽省公路设计院合作，承担了“振动碾压混凝土路面技术的研究”课题。开始对振动碾压混凝土进行系统、详细的室内研究试验，并在安徽、江苏、山西、河北等省铺筑试验路 10 余公里。在这次研究中，不仅在理论上对振动碾压混凝土的形成机理进行了探讨，而且对施工工艺过程也作了系统的研究，还提出了振动碾压混凝土路面的施工细则草案。特别对单层全碾式和上塑下碾双层施工路面进行了研究，所提出的上层低塑混凝土和下层振动碾压混凝土的双层施工新工艺，兼二者之所长，适宜在高等级道路路面工程中使用。同时指出，在二、三级道路工程中，可直接使用全碾式单层碾压混凝土路面。该项研究成果，已于1987年5月通过部省级鉴定，确认这两种碾压式施工路面，可在公路、城市道路、机场、停车场等工程建设中推广使用。

1988年开始的国家科技工作引导性项目《我国水泥混凝土路面发展对策及修筑技术研究》中，又组织江苏省公路局、山西省公路局和河南省交通厅等单位对碾压混凝土路面修筑技术进行了研究。从施工机械来看，当时进口的大型沥青摊铺等机械还比较少，即使拥有这些机械的单位一般也不愿用来铺筑碾压混凝土路面，只能采用人工或小型机械施工，路面质量难以提高。因此，这一时期的研究成果主要为采用人工或中小型配套机械施工的各种复合式碾压混凝土路面或用于较低等级公路的全厚式碾压混凝土路面施工技术。

随着高等级公路的迅速发展，进口的高密实度摊铺机、振动压路机等大型设备越来越多，国内的一些筑路机械生产厂家也纷纷研制或引进技术生产施工机械，因此公路工程单位的大型机械保有量迅速增加，再加上京津塘高速公路等一些工程明确规定水泥稳定基层必须采用“厂拌机铺”，改变了一些工程技术人员的认识，从而为我国高等级公路碾压混凝土路面施工中采用高密实度摊铺机等大型机械创造了条件。1991年在国家“八五”重点科技项目(攻关)《高等级公路水泥混凝土路面材料及应用开发研究》中，交通部组织交通部公路科学研究所、山西省交通厅和广西壮族自治区交通厅等单位进行了碾压混凝土路面成套技术的研究，以应用于高等级公路为目标，从材料、施工技术、抗滑技术、接缝技术等方面进行了系统研究，在路面平整度、抗滑及接缝等方面取得了突破性进展，并取得了一系列配套成果，初步形成了高等级公路碾压混凝土路面施工成套技术。

路面碾压混凝土技术研究成果的取得，大大促进了碾压混凝土在我国道路工程中的发展应用:有的将碾压混凝土直接应用于道路的面层，有的则将其应用于复合式路面的下面层，还有的应用于水泥路面或沥青路面的基层，有的甚至用于路基工程等。

(1)碾压混凝土在面层中的应用研究

碾压混凝土可用于道路面层，目前主要是用于一般新建公路(通常是二级及二级以下公路)面层与沥青混凝土共同构成(RCC＋AC)复合面层，也用于高等级公路面层维修与改造等。其中，碾压混凝土与沥青混凝土共同构成高等级公路(RCC＋AC)复合面层的应用相对较早。

1985年安徽合肥光湖公路上铺筑了长460m、宽3.75m的碾压混凝土路面，取得了良好的效果，并通过部级鉴定。安徽省合派路，是安徽省合肥高新技术开发区工业走廊的重要组成部分，采用四幅路结构，全长7.5km，宽60m，路面结构采用碾压混凝土与沥青混凝土结构。

20世纪90年代初，广西先后在桂平、田阳、伊岭岩、合浦铺设全厚式碾压混凝土路面；1996年在桂柳高速公路上铺筑工业性试验路，其平整度满足高速公路要求标准；1996年在324国道南宁至柳州大修工程中，采用下碾压上沥青表处复合式路面，取得良好效果，并通过鉴定。

1992年，湖北省武汉市武昌区市政建设管理局在武昌东亭一路施工了一段长80m、宽8m上塑下碾双层复合结构的试验路。与此同时，在室内对碾压混凝土与常规混凝土的性能进行了对比试验研究。试验研究结果与施工实践表明，碾压混凝土用于市政道路，其性能优于常规混凝土。

1997 年广深珠高速公路的虎门大桥引道工程便采用了碾压混凝土路面结构。该引道总长 11.172km，路面采用“24cm 碾压混凝土＋5cm 沥青混凝土”的复合式面层结构，其中的碾压混凝土采用超量取代系数 1.2 的粉煤灰碾压混凝土，设计抗弯拉强度按高速公路路面要求取 5.0MPa。施工现场抽样 7d 抗弯拉强度为 5.5MPa、28d 抗弯拉强度为 6.8MPa，满足设计要求，路面平整度控制在允许偏差范围内。整个工程铺筑粉煤灰碾压混凝土 122 000m^3，节约资金约 250 万元以上。至 2006 年，经过近十年的超限服役，该路段路面出现了较严重的病害，其中大部分路段出现了严重的纵向裂缝、断板，甚至沉陷等破坏，主车道由于货车较多且超载严重，导致大部分碾压混凝土板破碎较严重。2007 年对该路段进行了大修，大修中对破损板进行了拆除，超车道由于车流量较小，碾压混凝土板仍可继续使用，对碾压混凝土板上加铺应力吸收层后实施罩面，使碾压混凝土继续发挥作用。

1999 年年底通车的厦门海沧大桥引道工程采用了 RCC＋AC 复合式路面结构。安徽合肥高新技术开发区工业走廊的合派路全长 7.5km，设计为双向四车道，路面结构采用碾压混凝土与沥青混凝土结构，由垫层、基层、碾压混凝土和沥青混凝土所组成。

近年来，碾压混凝土开始在高等级公路面层维修与改造工程中得以应用，太旧(太原—旧关)高速公路维修工程便是其中一例。该路是山西省第一条高速公路，全长 140.7km，1996 年 6 月通车后，由于大型货运车辆的超负荷通行，路面和桥梁损坏严重，路况服务水平严重下降，于 2004 年 5 月起进行为期两年的路面分阶段大修工程。在路面维修的面层施工中多处采用了新型钢纤维碾压混凝土，设计与施工过程由法国 FIT 公司提供技术咨询。所用钢纤维碾压混凝土水泥用量和用水量均较低，分别在 280kg/m^3、110kg/m^3 左右，每方混凝土中掺入 30kg 直径 0.75mm、长 60mm 的钢纤维。钢纤维碾压混凝土 28d 实测强度高于 35MPa。该高速公路的维修工程于 2006 年 9 月完工，路面钻芯取样检验结果表明，钢纤维碾压混凝土对路面面层起到了很好的修复效果。

(2)碾压混凝土在基层中的应用研究

碾压混凝土适用于各类、各级道路的路面基层，特别是城市道路的路面基层。将碾压混凝土用于市政道路基层，具有施工速度快、开放交通早等独特优点。

2002 年，在上海云南中路、黄家路等道路的下水道改建工程中，将碾压混凝土用于城市道路路面基层的修筑。其中，云南中路工程共铺设道路碾压混凝土 144m^2、黄家路工程共铺设道路碾压混凝土 384m^2，所用碾压混凝土基层厚度为 25cm，置于 15cm 的砾石砂底基层之上。

2005 年 11 月，京珠国道主干线粤境高速公路甘塘至太和段路面扩建工程右幅 K123＋859.5～K124＋080 段铺筑了碾压混凝土基层试验路。碾压混凝土以 28d 的抗弯拉强度作为设计指标(≥3MPa)，并以 7d 的抗压强度作为施工质检指标(≥10MPa)。施工所采用的配合比为，每 1m^3 混凝土材料用量：粗碎石 G＝1 363kg(1 号料∶2号料∶3号料＝28∶14∶6)，细碎石 S＝704kg(4 号料，如施工现场有河沙，可代替部分 4 号料石屑)，水泥(“利达多”32.5 号普通硅酸盐水泥)C＝220kg，水 W＝92.4kg(全干状态)，W/C＝0.42，粗细集料按饱和面干吸水率计算实际用水量。配置的碾压混凝土 7d 抗弯拉强度为 3.52MPa，7d 抗压强度为 26.40MP。拌和采用 HZS150 连续式拌和楼，产量为 300～500t/h；摊铺采用 PRE750 高密度沥青摊铺机进行，松浦系数取 1.25，摊铺速度取 2m/min；碾压采用 BW161AD-2 振动压路机配合 24t 轮胎压路机进行碾压。

2006年建设的连州市凤头岭到清远市的一级公路高速化改造，包括旧路改造133.725km，新建33.576km。路面结构类型为：左幅15cm级配碎石、18cm水稳、22cm碾压混凝土、28cm混凝土路面；右幅15cm级配碎石、18cm水稳、20cm碾压混凝土、30cm混凝土路面。其中碾压混凝土设计标准抗压强度为15MPa，弯拉强度3MPa，7d施工质检抗压强度10MPa。清连高速混合料级配采用基层级配，砂∶1～3cm碎石∶石屑∶外加剂∶粉煤灰＝30%∶43%∶27%∶1%∶10%。每立方米水泥用量为185kg，砂634kg，1～3cm碎石909kg，石屑571kg，水130kg，外加剂2.05kg，粉煤灰20kg。试件采用重型击实成型，得到最大干密度和最佳含水率，配置的碾压混凝土7d抗弯拉强度为3.15MPa，7d抗压强度为18.8MP，28d抗弯拉强度达3.88MPa。碾压混凝土搅拌时间控制在60～90s，混凝土出厂时的V_c值控制在5～10s，碾压时的V_c值控制在20～30s。碾压方法为：静压1～2遍，然后小振2遍和大振2遍，最后用双胶轮压路机静压2～3遍来消除轮迹和表面微裂纹。工程在完工后，由于机械摊铺的连续性、含水率控制、底基层的裂缝反射等原因使得水泥路面出现较多反射裂缝。

(3)碾压混凝土在路基工程中的应用研究

碾压混凝土用于路基中的作用主要是针对软土地基处理，2006年年底建成通车的连盐(连云港—盐城)高速公路便在连云港段的低路堤路基填筑中采用道路碾压混凝土。连盐高速公路在连云港LY-GY4-2合同段的低路堤路基设计中采用了“手摆片石＋碾压混凝土”的复合路基形式，即先在路基土上铺筑25cm厚的手摆片石层，再在其上填筑20～40cm厚的碾压混凝土层，最后再铺设防水土工布和路床。这一复合路基具有较高的整体刚度和承载力，可减小不均匀沉降，其中的碾压混凝土层既增强了路堤强度，又防止了地下水对路基稳定性的影响。该工程共使用碾压混凝土约29 000m^3，其7d抗压强度16MPa、抗弯折强度2.4MPa；28d抗压强度20MPa、抗弯折强度4.0MPa。

随着我国国民经济的飞速发展，对公路工程的建设提出了更高、更迫切的要求，而目前国道主干线网络还需要一段时间的努力才能完成，高等级公路建设正呈现方兴未艾的发展势头。沥青资源短缺、强力筑路机械的发展，提高了水泥混凝土路面，特别是碾压混凝土＋沥青混凝土复合式路面的竞争力，为公路碾压混凝土技术的广阔应用创造了有利条件，注入了催化剂。

1.4　新式碾压混凝土基层

基层是路面结构的主要承重层，要求具有足够的强度、良好的抗变形和抗疲劳开裂性能以及耐久性和水稳定性(抗剥落、耐冲刷)。基层可采用单层或多层，所用材料按结合料的类型可分为三类：无机结合料类、沥青结合料类及无结合料类。

为解决我国半刚性基层沥青路面普遍存在的早期损坏现象，近年来，各地逐渐开始尝试在高等级公路路面中采用柔性基层(粒料类基层)沥青路面、组合式基层沥青路面结构，并铺筑了试验路。由于柔性基层沥青路面一般对路基的模量要求较高(其土基顶面回弹模量需要达到80～100MPa)，在我国，尤其是降水丰富的南方地区常常很难达到要求。

无机结合料类材料主要有贫混凝土、水泥稳定粒料(如级配碎石、级配砾石、未筛分碎石、天然砂砾等)、石灰一粉煤灰稳定粒料(如级配碎石、级配砾石、未筛分碎石、天然砂砾等)、水泥土、石灰土等。

无机结合料类基层具有强度大、变形小、能承受较重交通荷载的优点。然而，无机结合料类混合料为具有板体性的脆性材料，易产生温度收缩和干燥收缩裂缝，使沥青面层出现反射裂缝；同时，路表水易沿反射裂缝下渗，并冲刷这类基层的顶面，产生唧泥病害。贫混凝土的强度、刚度和抗冲刷能力在无机结合料材料中属最佳，可以用作特重和重交通等级沥青路面的基层。为控制收缩裂缝出现的位置和缝隙宽度，贫混凝土基层必须切横缝和纵缝。

新式碾压混凝土基层采用连续式拌和机拌和，自卸车运料，沥青混合料或水稳粒料摊铺机摊铺、振动压路机和轮胎压路机碾压，其主要优点是强度高、干缩率小、耐久性好、施工速度快、养生时间短、开放交通快。因此，新式碾压混凝土基层克服了传统的贫混凝土基层采用连续式拌和楼拌和、浇筑式方法施工等工艺所带来的施工速度慢、养生时间长、开放交通慢、干缩系数相对较大等缺点。

另外，新式碾压混凝土基层与传统的半刚性基层相比，主要具有如下优点：

①新式碾压混凝土基层的强度和耐疲劳性能均优于传统的半刚性基层，对提高沥青路面的总体刚度、减小路表弯沉、防止沥青路面疲劳损坏和结构性车辙大有好处。

②新式碾压混凝土基层采用预切缝的形式释放温度和湿度应力，且切缝处通过铺设合理的应力吸收层，可以大大减少传统基层易产生的不规则裂缝，并延缓其上覆沥青面层的反射裂缝病害。

③新式碾压混凝土基层材料对重载交通的敏感性及抗冲刷性能明显优于传统半刚性基层材料，能够大大减少多雨潮湿地区沥青路面因开裂或渗水带来的行车荷载反复作用下的唧泥、松散等病害。

④新式碾压混凝土基层的早期强度较高、完整性好，与封层的黏结紧密，能够保证沥青路面各结构层的整体受力，充分发挥封层应有功能。层间污染或松散会将本应层间连续的路面结构变为滑动结构，使路面会处于不利的受力状态，而新式碾压混凝土基层恰恰能够克服传统半刚性基层早期强度较低的缺点，使得施工车辆的碾压下不易出现表面松散。

因此，采用新式碾压混凝土作为沥青路面的基层，不仅能够显著提高路面结构强度，减薄沥青路面厚度，而且能够充分利用当地材料，降低高速公路的建设成本，延长高速公路沥青路面的使用年限。

第 2 章　碾压混凝土基层沥青路面结构设计

2.1　碾压混凝土基层沥青路面结构

2.1.1　传统复合式沥青路面结构特点

复合式沥青路面是指面层由沥青混凝土层与其他材料结构层复合形成的路面。新建公路中复合式沥青路面面层的常见形式有沥青混凝土＋水泥混凝土，沥青混凝土＋配筋水泥混凝土。公路改建、大修中最常见的复合式沥青路面是在原有水泥混凝土面层上加铺沥青混凝土层的结构，俗称"白加黑"。与半刚性基层沥青路面相比，复合式沥青路面具有如下特点：

(1)沥青层相对较薄，主要用作功能层

复合式沥青路面相对半刚性基层沥青路面，更加体现了强基薄面的设计思想，沥青上面层的厚度通车不超过 10cm。复合式沥青路面尤其是"白加黑"中沥青层主要起功能层的作用：隔绝环境对旧水泥混凝土板的不利影响，维持其承载能力；改善路面平整度，提高行车舒适性。

(2)路面下部结构的稳定性对路面性能起决定性作用

复合式沥青路面行车荷载主要由下面层承担，下面层的疲劳寿命对路面疲劳寿命起决定性作用。复合式沥青路面下面层为高剂量水泥稳定材料，路面下部结构不稳定，容易引发下面层发生脆性结构破坏，路面承载能力急剧下降。"AC＋配筋水泥混凝土"复合式沥青路面能够确保下面层的稳定，但配筋水泥混凝土增加了建造成本、延长了施工工期。

(3)易出现反射裂缝

复合式沥青路面的下面层水泥用量大，为防止温缩、干缩变形而导致不规则裂缝，通常会设置结构缝。结构缝随着通车年限的增长或多或少会反射到路面表面，最终影响路面的耐久性。目前的各种防反射裂缝措施只能够减弱反射裂缝发展的速度，难以根治。

(4)存在车辙隐患

复合式路面下面层的模量远大于沥青混凝土上面层的模量，使得沥青混凝土面层的整体变形受限，沥青面层的荷载扩散能力较弱，沥青混凝土层的剪切应力较大，沥青混凝土面层容易出现车辙。

2.1.2　新式碾压混凝土基层沥青路面各层功能定位

传统意义上的复合式沥青路面沥青面层较薄，在较短时间内即破坏，效益—费用比较低，在建设初期投入较小，但从整体经济周期看效益较差。使用经验表明，沥青层需要大于一定厚度才能够稳定地发挥行车性能，改善功能层的作用；沥青层厚度加大亦可以有效地减小反射裂缝出现的速度，减弱荷载、环境对路面内部结构的作用。为此，碾压混凝土基层沥青路面的功能定位如下：

(1)沥青混凝土上面层定位:保障行车舒适性、安全性

沥青混凝土上面层形成表面平整的路面,减少车辆颠簸;行车经过时,路面通过协调变形吸收能量,减少车辆的颠簸振动;沥青混凝土上面层的表面构造能够提供足够的摩擦力,保障行车安全。

(2)沥青混凝土中、下面层定位:扩散荷载、避免应力集中

路面中、下面层是路面承载的重要组成部分,直接承受车辆荷载。设置沥青中、下面层可以实现面层与基层的平稳过渡,达到扩散荷载、减小面层内部剪应力的目的。此外,较厚的沥青面层亦可减少碾压混凝土基层切缝导致路面发生反射裂缝的概率,降低温度变化对碾压混凝土基层带来的不利影响。

(3)碾压混凝土基层定位:提供稳固支撑、抗水冲刷、耐疲劳

碾压混凝土基层沥青路面中,碾压混凝土基层是路面的主要承重层之一,为沥青面层提供稳定、可靠的支撑。此外,由于碾压混凝土具有较高的强度,能够承受高压孔隙水的冲刷,具有较强的耐疲劳性能。

2.2 碾压混凝土基层沥青路面荷载应力分析

2.2.1 荷载应力分析模型与参数

(1)模型假设

水泥路面设计规范等技术文件中针对碾压混凝土基层的力学分析有两种思路:双层板模型和三维有限元模型。碾压混凝土基层上铺筑水泥混凝土面板时,采用双层板的力学模型,两层板按照弯曲刚度分配荷载。由于沥青面层的弯曲刚度小,如果按照双层板的力学模型分析,沥青面层对改善碾压混凝土基层的受力状态十分有限。实际上,复合板模型、双层板模型都把沥青面层当作与混凝土板同尺寸的板体看待,没有考虑到无切缝的沥青混凝土面层的整体性对扩散荷载的作用。

在沥青路面结构研究中,广泛采用的是弹性层状体系理论模型,该模型简单、较接近沥青路面实际状况,但与带切缝的路面结构相差较大。鉴于有限元模型可以处理各种边界条件的路面结构问题,且有限元法结果的可靠性已经得到验证,因此本文将建立路面结构的三维有限元模型,采用有限元法对碾压混凝土基层沥青路面结构进行力学分析。碾压混凝土路面荷载应力计算中,板与地基之间的接触条件采用了层间滑动的假定。计算假设如下：

①各结构层为均匀、连续、各向同性的弹性体。

②各层层间光滑连接。

③基础底面固定,基础侧面约束其法向位移。

④基础以上各层除沥青层外边界自由。

⑤沥青层板体连续无接缝。

⑥碾压混凝土切缝宽度为 1cm,且切缝无传荷能力。

(2)模型尺寸

采用的模型尺寸为碾压混凝土基层长 8m(考虑最小横向切缝距离),宽 4m(考虑纵向切缝),切缝宽度为 1cm;下基层的长宽尺寸与碾压混凝土基层相同;为反映半无限大空间基础的特性,基础采用扩大尺寸来模拟,对基础不同尺寸进行收敛性分析,扩大基础长为 10m,宽为 6m,高为 6m,碾压混凝土结构模型整体划分网格后如图 2.2-1 所示。为体现碾压混凝土基层沥青路面的实际受力状况,参考《公路水泥混凝土路面设计规范》(JTG D40—2011),层间接触状况设定为光滑,沥青混凝土层边缘的侧向变形受到约束、碾压混凝土层的侧向变形不受到约束。

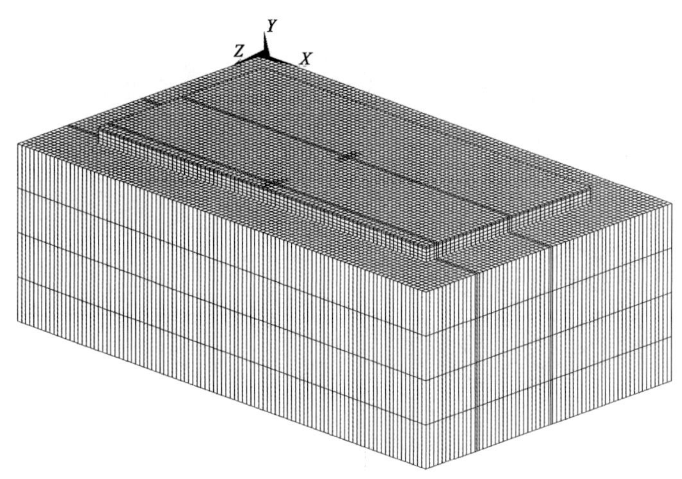

图 2.2-1　路面结构模型(碾压混凝土基层纵缝受力分析)

(3)模型基准参数

碾压混凝土基层沥青路面各结构层厚度根据广东省高速公路沥青路面应用的实际情况拟定,材料的弹性模量、泊松比采用规范推荐的数值进行有限元分析,各结构层主要参数如表 2.2-1 所示。在做某参数的影响分析时,除该参数变化外,其余参数的取值均如表 2.2-1 所示。

荷载应力计算参数　　表 2.2-1

结构层材料	弹性模量(MPa)	结构层厚(cm)	泊松比	备注
沥青面层	1 400	5～25	0.25	AC
碾压混凝土基层	23 000	14～28	0.15	RCC
半刚性材料下基层	2 000	14～28	0.25	CGA
半刚性材料底基层	2 000	20	0.25	CGA
垫层	200	18	0.35	GA
地基	40	—	0.35	—

(4)车辆荷载

路面设计方法中,通常将车轮荷载简化为圆形垂直均布荷载。但是相关研究表明,相对于传统的圆形均布荷载,车辆轮胎与路面的接触形状更接近于矩形,且在有限元模型中施加矩形荷载比圆形荷载更加方便,因此在建模过程中,将轮载作用等效为矩形图式,如图 2.2-2 所示。

行车荷载采用标准轴载 BZZ-100,轮胎内压 0.7MPa,单个轮压作用范围 18.9cm×

18.9cm，轮胎接地面积为 357.21cm^2，双轮间距为 32cm，两侧轮隙间距为 182cm。考虑车辆荷载与温度荷载的累加，混凝土路面板的临界荷位为板的纵向边缘中部。

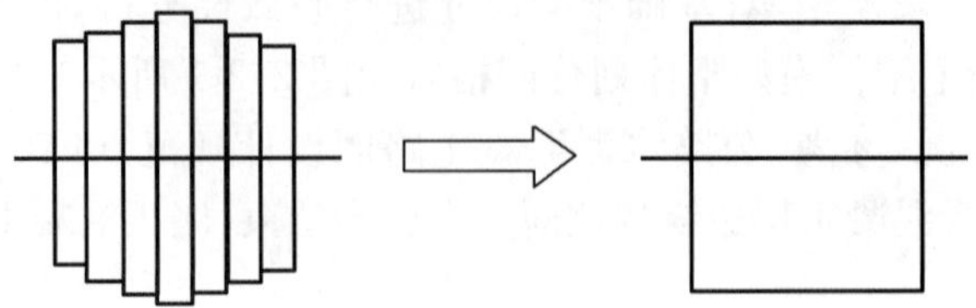

图 2.2-2　轮迹简化图式

(5)计算点位置

在网格划分过程中，为满足计算精度要求，对应力集中部位如碾压混凝土基层切缝及其附近沥青面层结构进行网格细化，接缝处有限元网格划分如图 2.2-3 所示。

碾压混凝土基层沥青路面结构临界荷位为纵向边缘中部，应力计算点如图 2.2-4 所示。

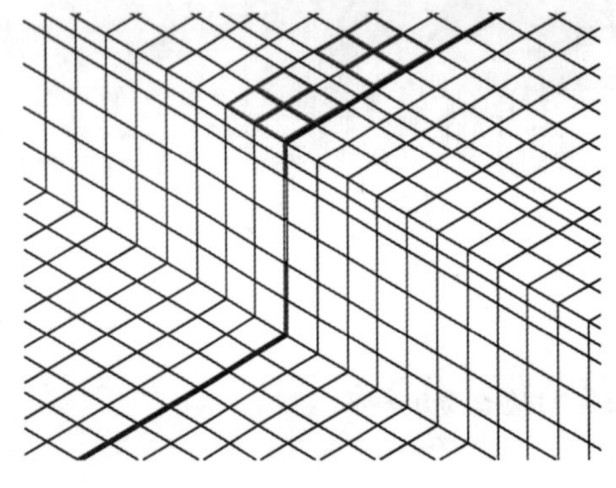

图 2.2-3　接缝处有限元网格划分

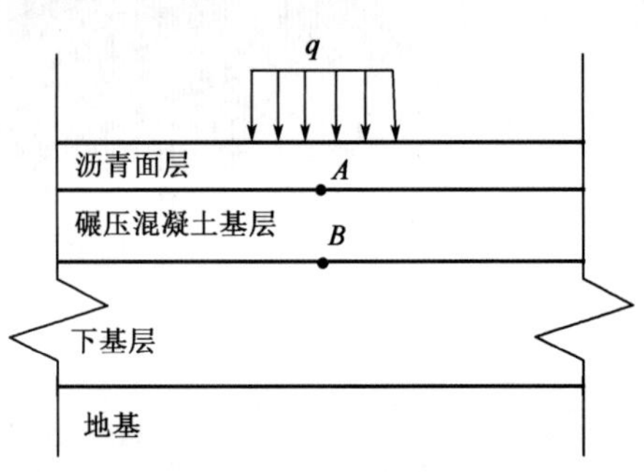

图 2.2-4　路面结构计算点

(6)单元类型

在荷载应力分析中，沥青面层、碾压混凝土基层、下基层和地基各结构层采用八节点 SOLID45 单元模拟，每个节点具有 3 个方向的自由度，如图 2.2-5 所示。进行温度应力分析时采用 SOLID5 单元，如图 2.2-6 所示。

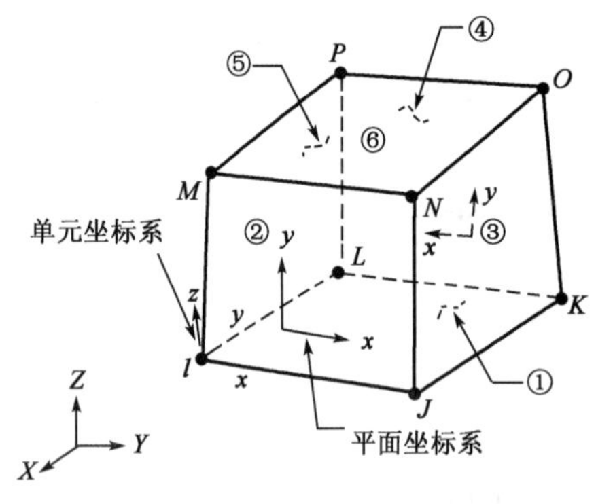

图 2.2-5　SOLID45 单元

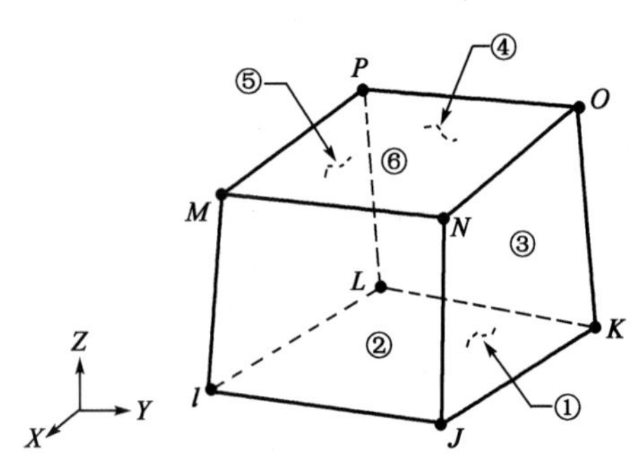

图 2.2-6　SOLID5 单元

2.2.2　各参数对荷载应力的影响

(1)轴载影响

广东省高速公路超载现象严重，而路面结构在超载的作用下会加速破坏。为了研究轴载对碾压混凝土基层沥青路面结构受力的影响，在以下分析中，轴载在 100～220kN 间进行变化，按 20kN 递增，临界荷位处沥青层底、板底应力状态如表 2.2-2、表 2.2-3 和图 2.2-7、图 2.2-8 所示。

轴载改变时 AC 层底部应力　　表 2.2-2

轴载(kN)	AC 层底部应力(MPa)								
	σ_x	σ_y	σ_z	τ_{xy}	τ_{yz}	τ_{zx}	σ_e	τ_{max}	σ_1
100	−0.486	−0.555	−0.315	0.000	−0.022	0.000	0.218	0.122	−0.313
120	−0.583	−0.666	−0.378	0.000	−0.026	0.000	0.262	0.146	−0.376
140	−0.680	−0.777	−0.441	0.000	−0.031	0.000	0.305	0.171	−0.438
160	−0.777	−0.888	−0.504	0.000	−0.035	0.000	0.349	0.195	−0.501
180	−0.874	−0.999	−0.567	0.000	−0.040	0.000	0.392	0.220	−0.563
200	−0.971	−1.110	−0.630	0.000	−0.044	0.000	0.436	0.244	−0.626
220	−1.068	−1.221	−0.693	0.000	−0.048	0.000	0.480	0.268	−0.689

轴载改变时 RCC 层底部应力　　表 2.2-3

轴载(kN)	RCC 层底部应力(MPa)								
	σ_x	σ_y	σ_z	τ_{xy}	τ_{yz}	τ_{zx}	σ_e	τ_{max}	σ_1
100	0.901	−0.111	0.418	0	−0.008	0	0.871	0.503	0.901
120	1.081	−0.133	0.502	0.000	−0.010	0.000	1.045	0.604	1.073
140	1.261	−0.155	0.585	0.000	−0.011	0.000	1.219	0.704	1.252
160	1.442	−0.178	0.669	0.000	−0.013	0.000	1.394	0.805	1.430
180	1.622	−0.200	0.752	0.000	−0.014	0.000	1.568	0.905	1.609
200	1.802	−0.222	0.836	0.000	−0.016	0.000	1.742	1.006	1.788
220	1.982	−0.244	0.920	0.000	−0.018	0.000	1.916	1.107	1.967

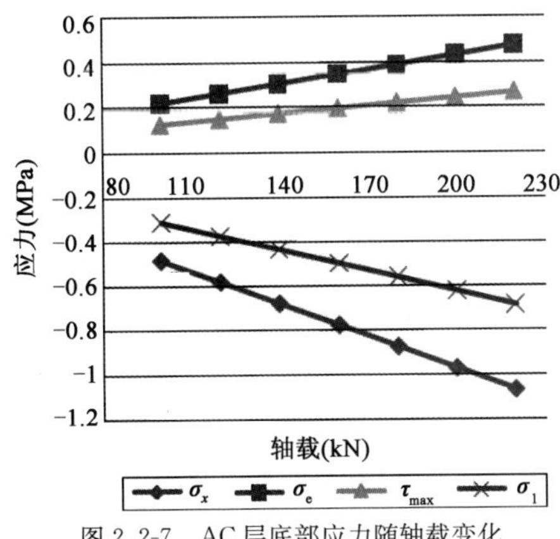

图 2.2-7　AC 层底部应力随轴载变化

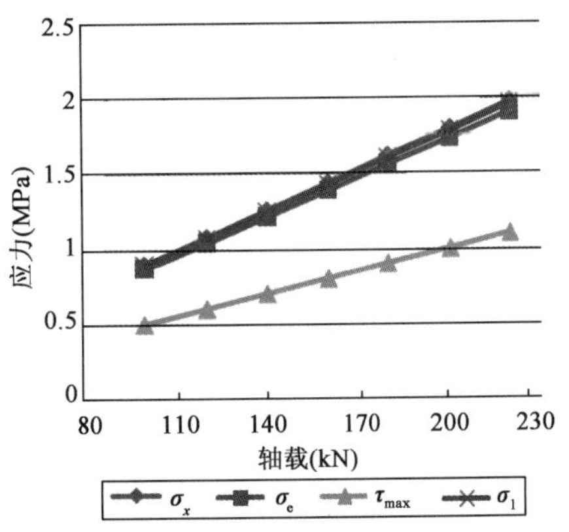

图 2.2-8　RCC 层底部应力随轴载变化

从表 2.2-2、表 2.2-3 和图 2.2-7、图 2.2-8 中可以看出，车辆荷载作用下路面临界荷位处 AC 层底部受压，RCC 层底部受拉。随着轴载的增大，AC 层底部和 RCC 层底部应力 σ_1、σ_e 及 τ_{max} 也随之增大，基本为线性关系，这也与路面结构的计算假设一致，即计算结构为线弹性体。临界荷位处 RCC 层及 AC 层底部的 σ_x 与 σ_e 数值基本相同，剪应力分量很小，说明该处水平方向的应力状态接近纯拉状态。当轴载从 100kN 增加到 200kN 时，应力基本上增大了 2 倍，说明重载和超载对路面结构的影响是非常大的，特别是对于 RCC 层底部应力来说，当轴载从 100kN 增加到 220kN 时，σ_e、τ_{max} 和 σ_1 分别增大了 1.045MPa、0.604MPa 和 1.066MPa，增长幅度达 120%，这对路面结构是个严重的威胁。因此，在碾压混凝土基层沥青路面结构中，为改善路面使用性能，延长路面使用寿命，应当重视轴载的影响，并严格限制重载、超载车辆的行驶。

(2)沥青混凝土层厚度影响

碾压混凝土基层沥青路面中，碾压混凝土基层的模量可达 23GPa 以上，在车辆荷载作用下变形较小。沥青层在较小变形的状况下承受荷载，荷载扩散能力较小，应力状态复杂。沥青层可以改善路面的行驶舒适性，降低噪声。同时，一定厚度的沥青层可以有效隔离碾压混凝土基层受到外界环境的剧烈影响，提高基层的疲劳寿命。以下保持碾压混凝土基层厚度为定值，研究沥青面层厚度变化对路面结构的荷载应力的影响，沥青面层厚度范围为 5～25cm，按 5cm 递增。临界荷位处沥青层底、板底应力状态如表 2.2-4、表 2.2-5 和图 2.2-9、图 2.2-10 所示。

AC 层厚度改变时 AC 层底部应力　　表 2.2-4

AC 层厚度(cm)	AC 层底部应力(MPa)								
	σ_x	σ_y	σ_z	τ_{xy}	τ_{yz}	τ_{zx}	σ_e	τ_{max}	σ_1
5	−0.644	−0.644	−0.423	0	−0.006	0	0.224	0.112	−0.420
10	−0.486	−0.555	−0.315	0	−0.022	0	0.218	0.122	−0.313
15	−0.366	−0.443	−0.235	0	−0.023	0	0.187	0.107	−0.232
20	−0.276	−0.344	−0.178	0	−0.018	0	0.148	0.085	−0.176
25	−0.211	−0.269	−0.137	0	−0.013	0	0.117	0.067	−0.136

AC 层厚度改变时 RCC 层底部应力　　表 2.2-5

AC 层厚度(cm)	RCC 层底部应力(MPa)								
	σ_x	σ_y	σ_z	τ_{xy}	τ_{yz}	τ_{zx}	σ_e	τ_{max}	σ_1
5	1.008	−0.130	0.472	0	−0.011	0	0.987	0.569	1.008
10	0.901	−0.111	0.418	0	−0.008	0	0.871	0.503	0.901
15	0.798	−0.095	0.368	0	−0.005	0	0.763	0.441	0.798
20	0.695	−0.081	0.326	0	−0.003	0	0.670	0.387	0.695
25	0.592	0.071	0.291	0	−0.002	0	0.591	0.341	0.592

从表 2.2-4、表 2.2-5 和图 2.2-9、图 2.2-10 中可以看出，AC 层底部应力和 RCC 层底部应力均随 AC 层厚度的增加而减小，随着 AC 层厚度逐渐增大，AC 层底部 σ_e 和 τ_{max} 减小幅度也逐渐增大。沥青面层厚度从 5cm 增加到 25cm，AC 层底部有效应力 σ_e 从 0.224MPa 减小到 0.117MPa，减小幅度达 48%；AC 层底部最大剪应力 τ_{max} 从 0.112MPa 减小到 0.067MPa，减小约 40%。沥青面层厚度从 5cm 增加到 25cm，RCC 层底部有效应力 σ_e 从 0.987MPa 减小到

0.591MPa，减小幅度达 40%；RCC 层底部 τ_{max}从 1.008MPa 减小到 0.592MPa，减小约 40%。由此可见，沥青面层厚度的增加可以有效减小整个路面结构的受力状态，这是改善路面结构受力状态最直接的方法，但路面厚度的增加会加大工程造价。因此，在路面面层厚度的选择上，首先要满足路面设计最小厚度的要求，其次是综合考虑路面工程造价，另外还要考虑在施工中如何保证路面的平整度。

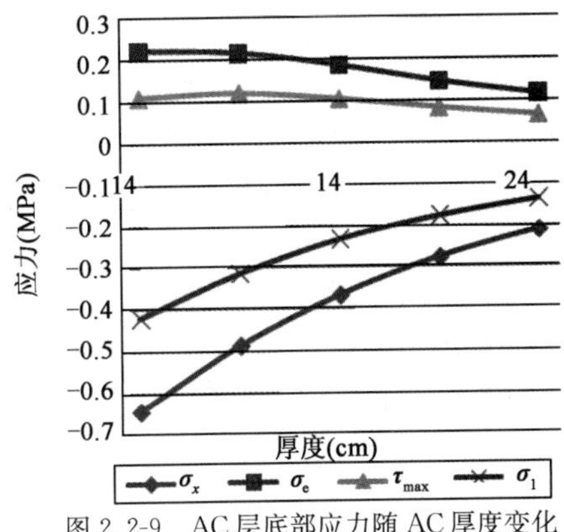

图 2.2-9　AC 层底部应力随 AC 厚度变化

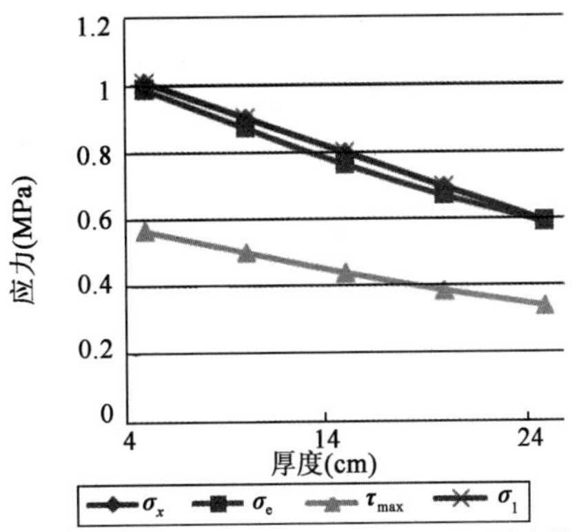

图 2.2-10　RCC 层底部应力随 AC 厚度变化

(3)RCC 层厚度影响

碾压混凝土基层厚度是路面结构设计的重要指标，计算中沥青面层厚度取为 10cm，模量取为 1 400MPa；碾压混凝土基层厚度为 14～28cm。临界荷位处沥青层底、板底应力状态如表 2.2-6、表 2.2-7 和图 2.2-11、图 2.2-12 所示。

RCC 层厚度改变时 AC 层底部应力　　表 2.2-6

RCC 层厚度(cm)	AC 层底部应力(MPa)								
	σ_x	σ_y	σ_z	τ_{xy}	τ_{yz}	τ_{zx}	σ_e	τ_{max}	σ_1
14	−0.598	−0.543	−0.357	0	−0.026	0	0.224	0.122	−0.353
16	−0.582	−0.549	−0.354	0	−0.025	0	0.217	0.116	−0.351
18	−0.559	−0.552	−0.346	0	−0.024	0	0.214	0.108	−0.343
20	−0.535	−0.554	−0.336	0	−0.023	0	0.213	0.112	−0.333
24	−0.486	−0.555	−0.315	0	−0.022	0	0.218	0.122	−0.313
28	−0.442	−0.554	−0.295	0	−0.022	0	0.228	0.131	−0.293

RCC 层厚度改变时 RCC 层底部应力　　表 2.2-7

RCC 层厚度(cm)	RCC 层底部应力(MPa)								
	σ_x	σ_y	σ_z	τ_{xy}	τ_{yz}	τ_{zx}	σ_e	τ_{max}	σ_1
14	1.412	−0.179	0.647	0	−0.015	0	1.378	0.795	1.412
16	1.284	−0.16	0.593	0	−0.014	0	1.251	0.722	1.284
18	1.169	−0.145	0.542	0	−0.012	0	1.138	0.657	1.169
20	1.066	−0.131	0.496	0	−0.010	0	1.038	0.599	1.066
24	0.901	−0.111	0.418	0	−0.008	0	0.871	0.503	0.901
28	0.760	−0.0954	0.358	0	−0.006	0	0.741	0.427	0.760

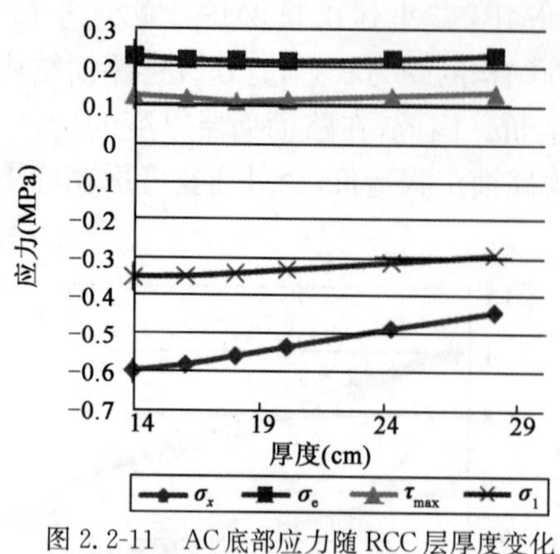

图 2.2-11　AC 底部应力随 RCC 层厚度变化

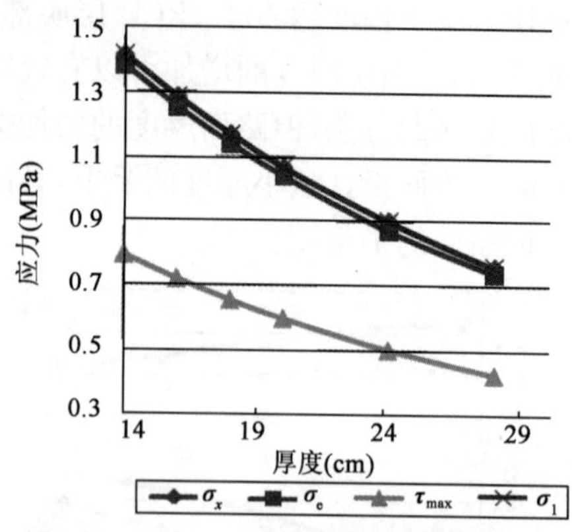

图 2.2-12　RCC 底部应力随 RCC 层厚度变化

从表 2.2-6、表 2.2-7 和图 2.2-11、图 2.2-12 中可以看出，RCC 层厚度从 14cm 变化到 28cm，AC 层底部 τ_{max} 从 0.122MPa 增大到 0.131MPa，仅增大 7%。RCC 层底部应力随 RCC 层厚度的增大而迅速减小，但减小幅度递减。当 RCC 层厚度 14cm 时，RCC 层底部主拉应力 σ_e、τ_{max}、σ_1 分别为 1.378MPa、0.795MPa、1.412MPa；而 RCC 层厚度为 28cm 时，RCC 层底部主拉应力 σ_e、τ_{max}、σ_1 分别为 0.741MPa、0.427MPa、0.76MPa，RCC 层底应力减小约 46%。因此，在满足强度、结构设计及施工工艺条件的前提下，宜适当控制 RCC 层的厚度，以取得一定的经济效益。

(4)下基层厚度影响

路面结构中下基层采用的是水泥稳定级配碎石。为了分析下基层厚度对路面结构受力状态的影响，保持其他参数不变，下基层厚度范围为 14～28cm。临界荷位处沥青层底、板底应力状态如表 2.2-8、表 2.2-9 和图 2.2-13、图 2.2-14 所示。

下基层厚度改变时 AC 层底部应力　　表 2.2-8

下基层厚度(cm)	AC 层底部应力(MPa)								
	σ_x	σ_y	σ_z	τ_{xy}	τ_{yz}	τ_{zx}	σ_e	τ_{max}	σ_1
14	−0.493	−0.556	−0.314	0	−0.022	0	0.22	0.123	−0.312
16	−0.491	−0.556	−0.314	0	−0.022	0	0.22	0.123	−0.312
18	−0.488	−0.555	−0.315	0	−0.022	0	0.219	0.122	−0.313
20	−0.486	−0.555	−0.315	0	−0.022	0	0.218	0.122	−0.313
22	−0.482	−0.555	−0.314	0	−0.023	0	0.218	0.123	−0.312
26	−0.475	−0.555	−0.313	0	−0.023	0	0.217	0.123	−0.311
28	−0.471	−0.555	−0.313	0	−0.023	0	0.217	0.124	−0.310

下基层厚度改变时 RCC 层底部应力　　表 2.2-9

下基层厚度(cm)	RCC 层底部应力(MPa)								
	σ_x	σ_y	σ_z	τ_{xy}	τ_{yz}	τ_{zx}	σ_e	τ_{max}	σ_1
14	0.908	−0.121	0.412	0	−0.005	0	0.891	0.514	0.908
16	0.904	−0.116	0.415	0	−0.006	0	0.884	0.51	0.904

续上表

下基层厚度(cm)	RCC 层底部应力(MPa)								
	σ_x	σ_y	σ_z	τ_{xy}	τ_{yz}	τ_{zx}	σ_e	τ_{max}	σ_1
18	0.902	−0.113	0.417	0	−0.007	0	0.877	0.506	0.902
20	0.901	−0.111	0.418	0	−0.008	0	0.871	0.503	0.901
22	0.888	−0.110	0.418	0	−0.008	0	0.864	0.5	0.888
26	0.873	−0.109	0.418	0	−0.008	0	0.851	0.491	0.873
28	0.865	−0.109	0.417	0	−0.009	0	0.845	0.487	0.865

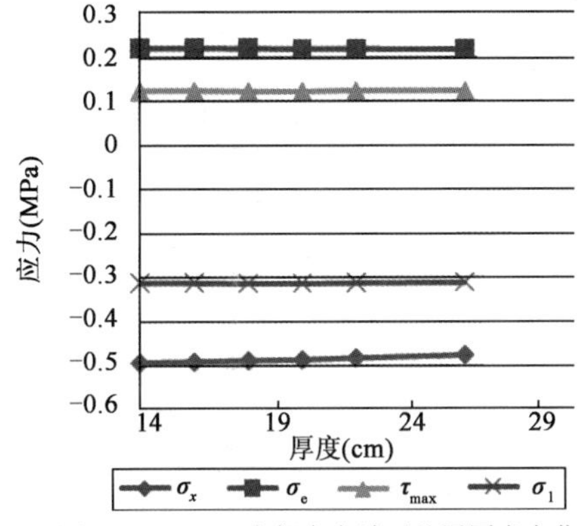

图 2.2-13　AC 底部应力随下基层厚度变化

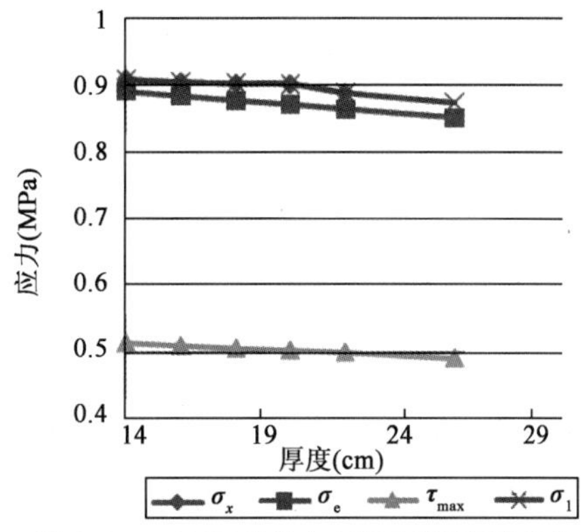

图 2.2-14　RCC 底部应力随下基层厚度变化

从表 2.2-8、表 2.2-9 和图 2.2-13、图 2.2-14 中可以看出，下基层厚度对 AC 层底部应力的影响非常小。而 RCC 层底部应力随下基层厚度的增大变化稍大，当下基层厚度从 14cm 增大到 28cm 时，RCC 层底部 σ_e、τ_{max} 和 σ_1 从 0.891MPa、0.514MPa 和 0.908MPa 减小为 0.845MPa、0.487MPa和 0.865MPa。下基层厚度每增大 2cm，RCC 层底部应力减小幅度约为 2.5%，且随着下基层厚度的逐渐增大，下基层厚度对 RCC 层底部应力的减小幅度也逐渐变小。

(5)地基模量影响

地基是指由底基层、垫层和土基等组成的综合支承体系，其强度和稳定性对路面结构耐久性有很大的影响。地基弹性模量范围为 30～400MPa，临界荷位处沥青层底、板底应力状态如表 2.2-10、表 2.2-11 和图 2.2-15、图 2.2-16 所示。

地基模量改变时 AC 层底部应力　　表 2.2-10

地基模量(MPa)	AC 层底部应力(MPa)								
	σ_x	σ_y	σ_z	τ_{xy}	τ_{yz}	τ_{zx}	σ_e	τ_{max}	σ_1
30	−0.752	−0.551	−0.468	0	−0.024	0	0.256	0.145	−0.461
50	−0.672	−0.552	−0.419	0	−0.024	0	0.223	0.129	−0.415
100	−0.572	−0.554	−0.36	0	−0.0023	0	0.207	0.127	−0.358
200	−0.486	−0.555	−0.315	0	−0.022	0	0.218	0.122	−0.313
300	−0.441	−0.557	−0.293	0	−0.022	0	0.232	0.133	−0.291
400	−0.412	−0.557	−0.28	0	−0.022	0	0.243	0.140	−0.278

地基模量改变时 RCC 层底部应力　　表 2.2-11

地基模量(MPa)	RCC 层底部应力(MPa)								
	σ_x	σ_y	σ_z	τ_{xy}	τ_{yz}	τ_{zx}	σ_e	τ_{max}	σ_1
30	1.446	−0.081	0.733	0	−0.010	0	1.324	0.764	1.446
50	1.281	−0.088	0.633	0	−0.009	0	1.186	0.685	1.281
100	1.075	−0.100	0.512	0	−0.008	0	1.017	0.587	1.075
200	0.901	−0.111	0.418	0	−0.008	0	0.871	0.503	0.901
300	0.800	−0.119	0.373	0	−0.007	0	0.797	0.460	0.800
400	0.739	−0.124	0.346	0	−0.007	0	0.749	0.432	0.739

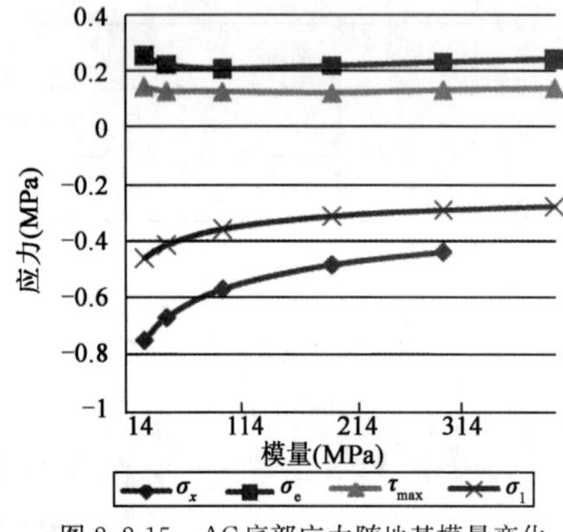

图 2.2-15　AC 底部应力随地基模量变化

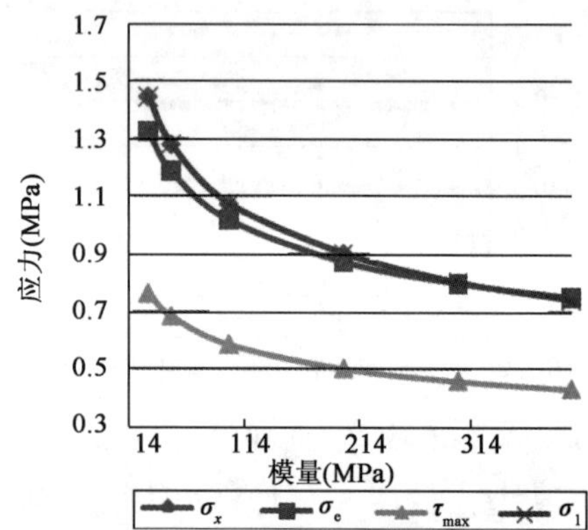

图 2.2-16　RCC 底部应力随地基模量变化

从表 2.2-10、表 2.2-11 和图 2.2-15、图 2.2-16 可以得出，随着地基弹性模量的增大，AC 层底部有效应力 σ_e、最大剪应力 τ_{max}、第一主应力 σ_1 逐渐减小。RCC 层底部应力随着地基模量的增大大幅度减小，当地基模量从 30MPa 增大到 400MPa 时，RCC 层底部 σ_e、τ_{max} 和 σ_1 从 1.324MPa、0.764MPa、1.446MPa 减小到 0.749MPa、0.432MPa、0.739MPa，减小幅度分别达到了 43%、43%和 49%，地基模量从 30MPa 变化到 200MPa 时对 RCC 层底应力的减小幅度较大，而当地基模量增大到 200MPa 之后，RCC 层底应力的减小幅度明显减小。从以上分析可知，地基弹性模量越大，路面结构应力越小，路面结构整体刚度变大，承载能力提高，因此在实际施工中，一定要重视地基的强度和稳定性，对于软弱地基可以采用换填、铺设垫层等方法加固地基。

(6)板长的影响

碾压混凝土自身的干缩作用和温缩作用使基层结构层本身产生裂缝，这些裂缝达到一定程度就会反射到上部的沥青混合料面层中，从而大大降低路面结构的耐久性。为了减小碾压混凝土基层开裂对沥青路面使用性能的影响，国内外相关机构进行了大量的研究工作，并提出了很多解决办法，对基层进行切缝就是其中之一。为了正确评价切缝效果以及确定合理的切缝间距，以下对带切缝的碾压混凝土基层沥青路面结构进行计算，临界荷位处沥青层底、板底应力状态如表 2.2-12、表 2.2-13 和图 2.2-17、图 2.2-18 所示。

RCC 切缝间距改变时 AC 层底部应力　　表 2.2-12

RCC 切缝间距(m)	AC 层底部应力(MPa)								
	σ_x	σ_y	σ_z	τ_{xy}	τ_{yz}	τ_{zx}	σ_e	τ_{max}	σ_1
6	−0.488	−0.555	−0.316	0	−0.022	0	0.217	0.122	−0.314
8	−0.486	−0.555	−0.315	0	−0.022	0	0.218	0.122	−0.313
10	−0.485	−0.555	−0.314	0	−0.224	0	0.218	0.123	−0.312
12	−0.484	−0.555	−0.314	0	−0.224	0	0.218	0.123	−0.312
14	−0.483	−0.555	−0.313	0	−0.325	0	0.2185	0.1235	−0.311
16	−0.481	−0.555	−0.312	0	−0.405	0	0.2188	0.1239	−0.310
18	−0.479	−0.555	−0.311	0	−0.486	0	0.2191	0.1243	−0.309
20	−0.478	−0.555	−0.310	0	−0.567	0	0.2194	0.1247	−0.308

切缝间距改变时 RCC 层底部应力　　表 2.2-13

RCC 切缝间距(m)	RCC 层底部应力(MPa)								
	σ_x	σ_y	σ_z	τ_{xy}	τ_{yz}	τ_{zx}	σ_e	τ_{max}	σ_1
6	0.903	−0.111	0.421	0	−0.008	0	0.874	0.504	0.903
8	0.901	−0.111	0.418	0	−0.008	0	0.871	0.503	0.901
10	0.899	−0.111	0.417	0	−0.008	0	0.870	0.502	0.899
12	0.898	−0.111	0.417	0	−0.008	0	0.870	0.502	0.898
14	0.896	−0.111	0.415	0	−0.008	0	0.868	0.501	0.896
16	0.894	−0.111	0.413	0	−0.008	0	0.866	0.500	0.894
18	0.892	−0.111	0.412	0	−0.008	0	0.865	0.499	0.892
20	0.890	−0.111	0.411	0	−0.008	0	0.864	0.498	0.890

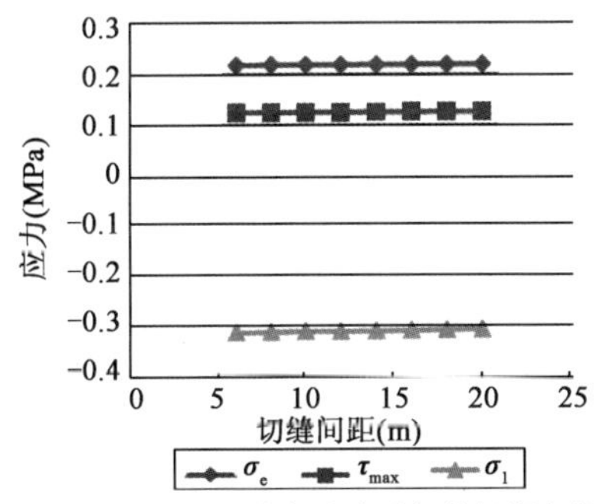

图 2.2-17　AC 底部应力随切缝间距变化

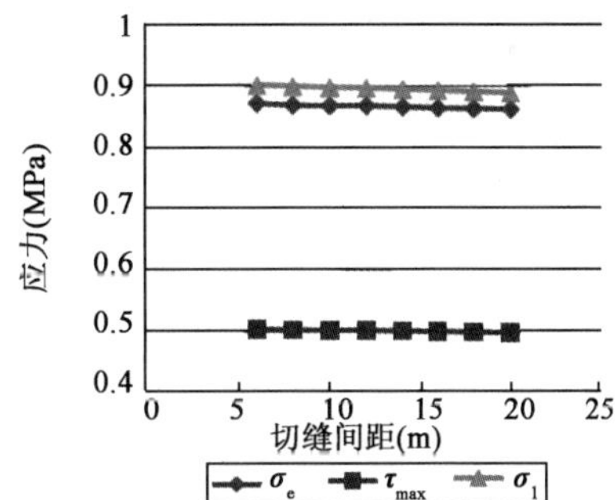

图 2.2-18　RCC 底部应力随切缝间距变化

从表 2.2-12、表 2.2-13 和图 2.2-17、图 2.2-18 可以得出，AC 层底部应力随 RCC 层切缝间距增大基本无变化，当 RCC 层切缝间距从 6m 增大到 20m 时，AC 层底部 σ_e 和 τ_{max} 变化微小，RCC 层底拉应力从 0.903MPa 变化到 0.890MPa。从以上分析结果可知，RCC 切缝间距对车辆荷载作用下路面结构的应力基本无影响，这是因为荷载作用区域尺寸与 RCC 切缝间距相比，数量级相差较大，在荷载应力的作用下，不能体现出切缝间距对路面结构力学指标的影响。

(7)板宽的影响

纵向切缝宽度为4～14m,RCC层临界荷位板底应力状况的变化如表2.2-14、表2.2-15所示。

RCC纵缝间距改变时AC层底部应力 表2.2-14

RCC纵缝间距(m)	AC层底部应力(MPa)								
	σ_x	σ_y	σ_z	τ_{xy}	τ_{yz}	τ_{zx}	σ_e	τ_{max}	σ_1
4	−0.486	−0.555	−0.315	0.000	−0.022	0.000	0.218	0.122	−0.313
7	−0.485	−0.555	−0.312	0.000	−0.022	0.000	0.220	0.124	−0.310
11	−0.485	−0.556	−0.311	0.000	−0.022	0.000	0.221	0.124	−0.309
14	−0.485	−0.556	−0.311	0.000	−0.022	0.000	0.221	0.124	−0.309

RCC纵缝间距改变时RCC层底部应力 表2.2-15

RCC切缝间距(m)	RCC层底部应力(MPa)								
	σ_x	σ_y	σ_z	τ_{xy}	τ_{yz}	τ_{zx}	σ_e	τ_{max}	σ_1
4	0.901	−0.111	0.418	0.000	−0.008	0.000	0.871	0.503	0.901
7	0.901	−0.111	0.413	0.000	−0.008	0.000	0.871	0.503	0.901
11	0.901	−0.111	0.412	0.000	−0.006	0.000	0.871	0.503	0.901
14	0.901	−0.111	0.411	0.000	−0.006	0.000	0.871	0.503	0.901

从表2.2-14、表2.2-15可以看出,碾压混凝土基层纵向切缝间距改变,临界荷位处板底应力状况几乎没有变化。

(8)影响因素汇总

以上分析了轴载、沥青层厚度、碾压混凝土基层厚度、下基层厚度、地基模量、板长、板宽等因素变化对RCC层纵向边缘中部板底应力状态的影响。由于碾压混凝土与沥青层、下基层的材料模量差异巨大,未考虑上述三层模量变化的影响。分析发现:板长、板宽对RCC层纵向边缘中部板底荷载应力影响微弱;下基层厚度对RCC层纵向边缘中部板底荷载应力影响较小;轴载、沥青层厚度、碾压混凝土基层厚度、地基模量对RCC层纵向边缘中部板底荷载应力影响显著。

2.2.3 荷载应力计算分析

设计时,行车荷载作用下碾压混凝土板的应力计算采用《公路水泥混凝土路面设计规范》(JTG D40—2011)(以下简称《水泥路面设计规范》)的思路。先计算标准轴载在无沥青加铺层的RCC路面板临界荷位的荷载应力σ_{ps}、σ_{pm};然后计算考虑设计基准期内荷载应力累计疲劳作用、偏载和动载等因素影响的荷载疲劳应力σ_{pr}、$\sigma_{p,max}$;最后考虑有沥青加铺层的RCC路面板临界荷位的荷载应力σ_{psa}、σ_{pma}。

临界荷位处的荷载应力σ_{ps}、σ_{pm}计算过程如下,相关参数计算见《水泥路面设计规范》:

$$\sigma_{ps} = 1.47 \times 10^{-3} r^{0.7} h_c^{-2} P_s^{0.94} \tag{2.2-1}$$

$$\sigma_{pm} = 1.47 \times 10^{-3} r^{0.7} h_c^{-2} P_m^{0.94} \tag{2.2-2}$$

临界荷位处的荷载疲劳应力σ_{pr}、$\sigma_{p,max}$:

$$\sigma_{pr} = k_f k_c \sigma_{ps} \tag{2.2-3}$$

$$\sigma_{p,max} = k_c \sigma_{pm} \tag{2.2-4}$$

有沥青加铺层的 RCC 路面板临界荷位的车辆荷载应力 σ_{psa}、σ_{pma}：

$$\sigma_{psa} = (1 - \zeta_a h_a)\sigma_{ps} \tag{2.2-5}$$

$$\sigma_{pma} = (1 - \zeta_a h_a)\sigma_{p,max} \tag{2.2-6}$$

式中：h_a——沥青层厚度；

ζ_a——修正系数，见图 2.2-19。

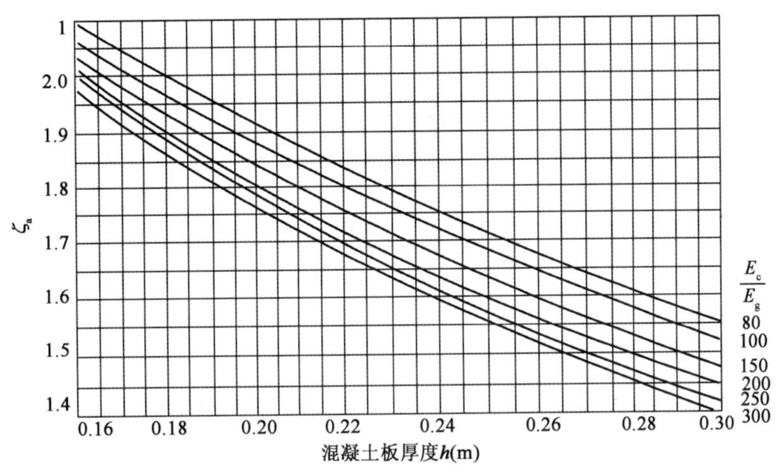

图 2.2-19　规范给出的 ζ_a 系数图

对于带沥青上面层混凝土板的车辆荷载应力分析，现行《水泥路面设计规范》以无沥青上面层混凝土板的车辆荷载应力分析为基准，然后依据混凝土板厚度、板体地基模量比来确定 ζ_a 系数，根据 ζ_a 系数得到带沥青面层结构的应力。规范给出了板体与地基模量比在 80～300 范围内的 ζ_a 系数。这是规范针对"白加黑"类型路面提出的设计方法，并不适用于碾压混凝土基层沥青路面的分析。碾压混凝土基层沥青路面中，土路基上并不直接铺筑碾压混凝土基层，中间一般铺筑无机结合料稳定下基层。下基层增大了当量地基模量，使得碾压混凝土基层沥青路面的板体地基模量比通常小于 80，超出了规范中 ζ_a 系数诺莫图的范围。

路面设计时采用有限元作为计算工具，虽然可以保证计算结果的精度，但增加了设计人员的工作量。有限元模型要得出再现性良好的结果，需要大量细节性的说明，需要使用者对有限元程序有一定的了解。因此，为便于设计应用，需要实用的力学参数计算方法。

为将设计方法扩展到碾压混凝土基层沥青路面，通过 2.2.2 节中建立的有限元分析模型，分析在一系列的基层板厚度与模量比组合下，沥青层厚度对碾压混凝土基层临界荷位拉应力的影响。依照《水泥路面设计规范》的表述方式，得到了板体地基模量比为 30～80 时沥青面层的 ζ_a 系数，与规范原有 ζ_a 系数图合并，如图 2.2-20 所示。

如图 2.2-20 所示，图标的数值对应于板模量与当量地基模量比，模量比数值范围为 30～300，覆盖了碾压混凝土基层沥青路面的基层板模量与当量地基模量比。用图 2.2-20 替换图 2.2-19 就可以将规范的设计方法应用于碾压混凝土基层沥青路面的设计，从而省去了有限元模型的计算过程。

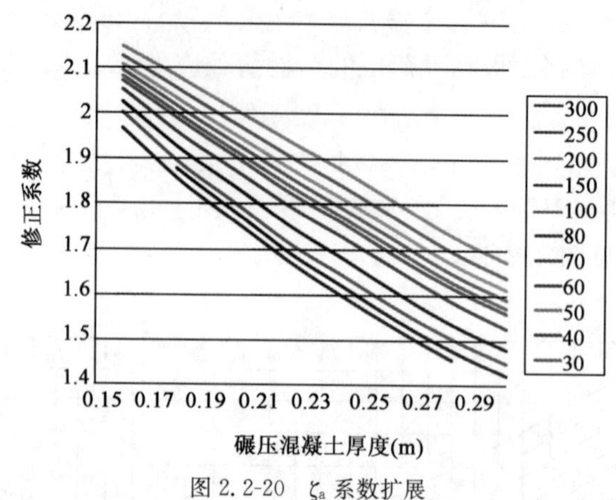

图 2.2-20　ζ_a 系数扩展

2.3　碾压混凝土基层沥青路面温度应力分析

2.3.1　温度应力分析模型与参数

道路是修筑在自然界中的带状结构物，环境因素和荷载作用是造成路面结构破坏的主要原因。其中，由于路面暴露于自然环境中，经受着气候和气温变化的反复影响，路面与大气之间以及路面内部各结构层之间都存在着复杂的热交换过程。由于路面结构层内温度分布的不均匀以及路面结构层材料的温度敏感性不同，在外界温度发生变化时，由于路面结构受到自重以及其他的约束，路面结构不能自由地变形，从而在路面结构内会产生温度应力。同时，温度变化是引起反射裂缝开裂扩展的一个重要因素，对于碾压混凝土基层沥青路面结构，容易产生温缩型反射裂缝，即在碾压混凝土基层中存在裂缝或切缝，由于路面温度日周期性变化的影响，在与裂缝或切缝对应的沥青层底面产生裂缝并向路面表面扩展。因此，有必要对碾压混凝土基层沥青路面的温度应力进行分析。

《水泥路面设计规范》考虑带沥青面层的混凝土基层的温度应力时，先分析不带沥青层的路面结构的温度应力，然后对沥青面层加铺引起的混凝土基层板内温度应力差异做换算。本书采用三维有限元模型进行温度应力分析，临界荷位为纵缝边缘中部，基准参数如表 2.3-1 所示。

温度应力计算参数　　表 2.3-1

结构类型	回弹模量(MPa)	导热系数[W/(m·℃)]	线膨胀系数(℃$^{-1}$)	泊松比	备注
碾压混凝土基层	23 000	1.5	1.0×10^{-5}	0.15	RCC

注：温度应力计算基准结构无沥青层。其余结构参数见应力分析的基准参数表(表 2.2-1)。基准温度分布：顶面温度 20℃，底面温度 5℃。

在做某项参数的影响分析时，除该参数外，其余参数均以表 2.3-1 或说明为依据。

路面温度一般在午后 2h 达到最高，在日出前为路面温度最低值。升温约历时 7h，降温历时约18h,以路面表面昼夜温差30℃计,升温速度为4.3℃/h,而降温速度为1.7℃/h。碾压混凝土材料具有蠕变特性,夜间缓慢的降温过程中碾压混凝土基层内的应力会得到释放,因此可以将日出前时刻定为碾压混凝土基层的0应力应变状态,即初始状态。日出后路面温度快速升高,碾压混凝土基层板膨胀,且碾压混凝土基层顶面的膨胀量大于底面的膨胀量,定义板底、板顶升温幅度,通过有限元模型,分析路面板的温度应力。基层产生如图2.3-1所示的变形。

沥青面层表面温度降低使得路面结构产生收缩变形,而路面结构的温度梯度又使碾压混凝土基层产生凹形翘曲,在自重及上部结构压力下凹形翘曲受到抑制,基层顶部受拉,底部受压。而当顶面温度升高时,路面结构发生膨胀,碾压混凝土基层产生凸形翘曲变形。在自重及上部结构压力下,碾压混凝土基层板的凸形翘曲变形受到抑制,基层底部受拉,顶部受压。因此正温度梯度(板顶温度高)下,温度应力与荷载应力叠加。

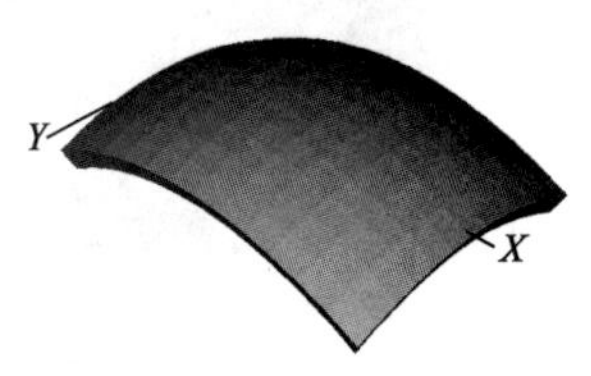

图2.3-1 路面结构在升温时变形

4:00、12:00是路面温度梯度极值的代表时刻。如图2.3-2所示,12:00路面温差为13℃,而4:00路面温差为5℃,正温度梯度是负温度梯度的近3倍。考虑路面混凝土板最不利温度荷载,需要重点分析碾压混凝土板在正温度梯度下临界荷位的应力状况。

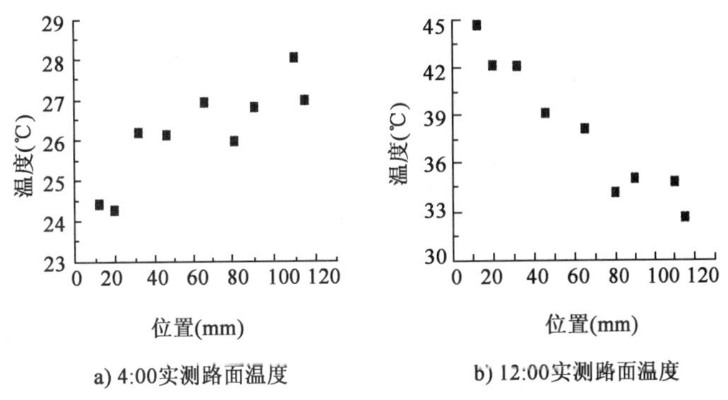

图2.3-2 路面实测温度的深度分布

(1)水泥混凝土路面设计规范算例结果

《水泥路面设计规范》附录算例中,水泥路面结构的参数如下:温度梯度53℃/m;板厚0.26m;板长5m;水泥混凝土模量29GPa;热膨胀系数1.0×10^{-5}℃$^{-1}$;计算刚度半径0.916m。

计算过程如下:

$$t=\frac{L}{3r}=\frac{5}{3\times0.916}=1.819$$

$$C_L=1-\frac{\sinh(1.819)\cos(1.819)+\cosh(1.819)\sin(1.819)}{\cos(1.819)\sin(1.819)+\sinh(1.819)\cosh(1.819)}=0.735$$

$$B_L=1.77\times e^{-4.48\times0.26}\times0.735-0.131\times(1-0.735)=0.371$$

最大温度梯度时,混凝土板最大温度应力:

$$\sigma_{tmax}=\frac{\alpha_c E_c h_c T_g}{2}B_L=\frac{10^{-5}\times29\,000\times0.26\times53}{2}\times0.371=0.741(\text{MPa})$$

(2)有限元模拟结果

采用与上节水泥路面设计规范附录算例相同的参数，有限元模型计算得到的临界荷位处碾压混凝土基层板底、板顶的纵向应力云图如图 2.3-3、图 2.3-4(彩图见封三)所示。

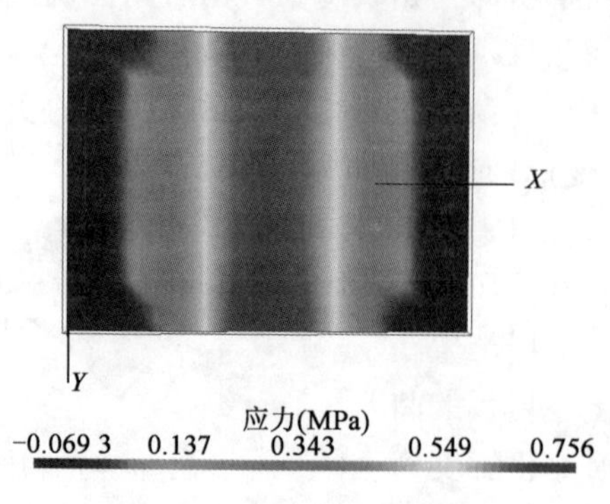

图 2.3-3 板底温度应力云图

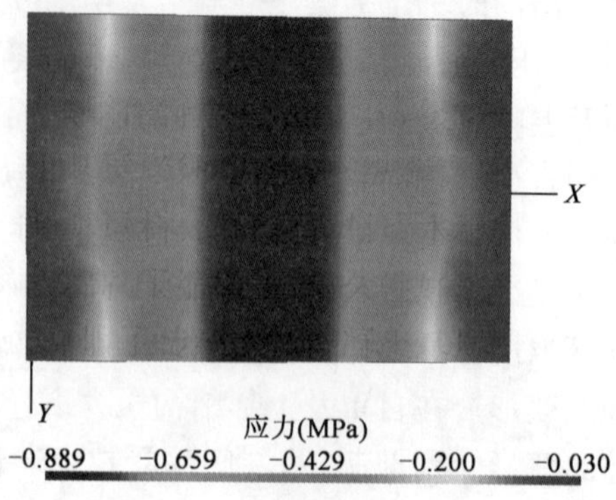

图 2.3-4 板顶温度应力云图

从图 2.3-3、图 2.3-4 中可以看出，板顶主要受压，在板中压应力达到最大，且与是否靠近纵缝关系不大；板底主要受拉，在板中拉应力达到最大，也与是否靠近纵缝关系不大。有限元计算温度应力最大值为 0.756MPa，规范算例计算值为 0.741MPa。两者偏差在 3%内，结果可用于工程应用。

2.3.2 各因素对温度应力的影响

与车辆荷载作用下路面响应的因素影响分析类似，为分析温度荷载作用下路面结构响应的特性，固定其他参数，考察单一因素变化对 RCC 应力状况的影响，考虑的因素主要有：RCC 板长、RCC 板厚、RCC 热膨胀系数、RCC 模量、温度梯度、沥青层厚度。

(1)RCC 层板长的影响

温度应力的产生是温度变形受到约束的结果。碾压混凝土基层材料温度升高或降低时受到周围材料的约束，板长越大，则约束越强。约束越强，温度变形受到的抑制越强烈，产生的温度应力越大。工程上为保证路面板的疲劳寿命，需要选择合适的切缝间距，即板长。碾压混凝土基层板长越小温度应力越小，但板长小意味着更多的切缝，而切缝的处理也需要耗费额外的材料和人工；另外，切缝处容易产生反射裂缝，过多的切缝对路面的长期使用性能不利。因此，板长的选择需要全面考虑受力分析、施工、长期性能等方面。为了分析 RCC 层板长对路面结构温度应力的影响，保持其他参数不变，RCC 层板长 5～20m，按 2m 递增。温度荷载作用下碾压混凝土基层临界荷位处板底的计算结果如表 2.3-2 和图 2.3-5 所示。

RCC 层长度改变时 RCC 层底部应力 表 2.3-2

RCC 层长度(m)	RCC 层底部应力(MPa)					
	σ_x	σ_y	σ_z	τ_{xy}	τ_{yz}	τ_{zx}
5	0.743	0.001	−0.016	0	0.006	0
6	1.156	0.001	−0.015	0	−0.002	0
8	1.832	0.002	−0.011	0	−0.006	0
10	2.180	0.002	−0.005	0	−0.007	0

续上表

RCC 层长度(m)	RCC 层底部应力(MPa)					
	σ_x	σ_y	σ_z	τ_{xy}	τ_{yz}	τ_{zx}
12	2.43	0.002	−0.001	0	−0.013	0
14	2.65	0.003	0.003	0	−0.017	0
16	2.86	0.003	0.007	0	−0.022	0
18	3.06	0.004 2	0.012	0	−0.026	0
20	3.22	0.004 7	0.016	0	−0.031	0

从表 2.3-2 和图 2.3-5 可以看出，随着 RCC 板长增大，RCC 层底部应力迅速增大，但增幅有减小的趋势。板长从 5m 变化到 6m，纵缝中部的板底拉应力增加了 0.413MPa，增长了 50%；板长从 14m 变化到 16m，纵缝中部的板底拉应力增加了 0.13MPa，增长了 8%。可以看出，温度荷载作用下，临界荷位处板底的应力状态较简单，σ_x 较大，其余各应力分量的数值很小。为简明清楚计，在后续分析中只单列 σ_x 纵向应力的分析结果。

(2)RCC 层板宽

碾压混凝土基层板宽度变化区间为 4～14m，临界荷位处板底拉应力变化如表 2.3-3 和图 2.3-6所示。

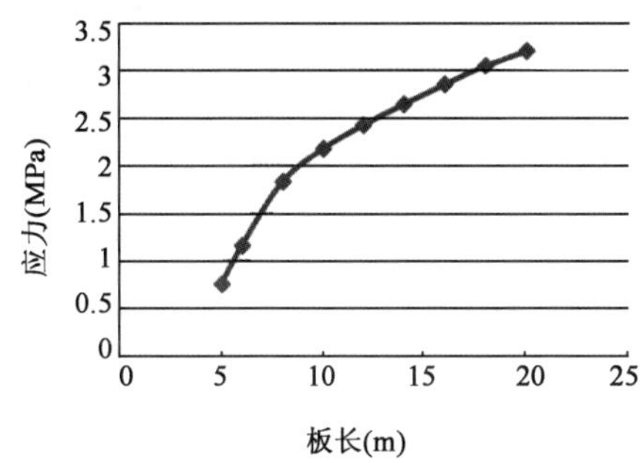

图 2.3-5　RCC 层底部应力随 RCC 板长变化

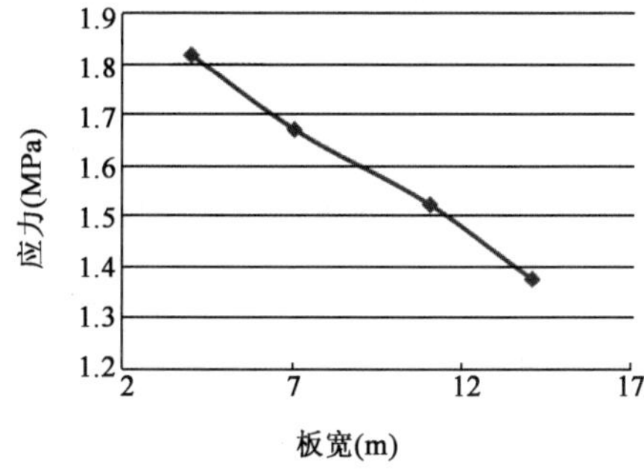

图 2.3-6　板宽对临界荷位拉应力影响

RCC 层板宽改变时 RCC 层底部应力　　表 2.3-3

RCC 板宽(m)	4	7	11	14
层底拉应力(MPa)	1.817	1.67	1.523	1.376

从图 2.3-6 中可以看出，板越宽，临界荷位处的拉应力越小。板宽变化 2m，应力减小约 0.12MPa。说明板变宽，可以有效地分散临界荷位处的温度应力，但是板的宽度变化引起的临界荷位处拉应力的变化幅度，不及板长度变化引起的变化幅度大。在地基不均匀程度较大时，加大板宽可能会对板的受力造成不利影响。

(3)RCC 层厚度

碾压混凝土基层整体性良好，增加厚度可以有效地扩散荷载。分析厚度变化对临界荷位处层底拉应力的影响时，RCC 层厚度取 14～30cm，RCC 层温度差不变，其余参数也不变。温度荷载作用下，碾压混凝土基层临界荷位处板底的计算结果如表 2.3-4 和图 2.3-7 所示。

RCC 层厚度改变时 RCC 层底部应力 表 2.3-4

RCC 层厚度(cm)	14	18	22	26	30
层底拉应力(MPa)	1.961	1.605	1.064	0.743	0.552

从表 2.3-4 和图 2.3-7 可以看出，随着 RCC 层厚度的增加，RCC 层温度应力减小，厚度增加 3cm，层底拉应力减小约 0.3MPa。考虑到增加碾压混凝土基层厚度后温度差会有所增大，增加 RCC 层厚度对减小温度应力的效果会稍微降低。增大碾压混凝土基层厚度可以有效地扩散温度变化产生的变形，减小碾压混凝土基层的应力。

(4)RCC 层热膨胀系数的影响

热膨胀系数是碾压混凝土的一个关键性能参数，其值的大小对路面结构温度应力有较大影响。热膨胀是产生温度应力的直接原因。在以下计算中，热膨胀系数为 $0.8\times10^{-5}℃^{-1}$～$1.3\times10^{-5}℃^{-1}$，按 $0.1\times10^{-5}℃^{-1}$ 递增，温度荷载作用下碾压混凝土基层临界荷位处板底的计算结果如表 2.3-5 和图 2.3-8 所示。

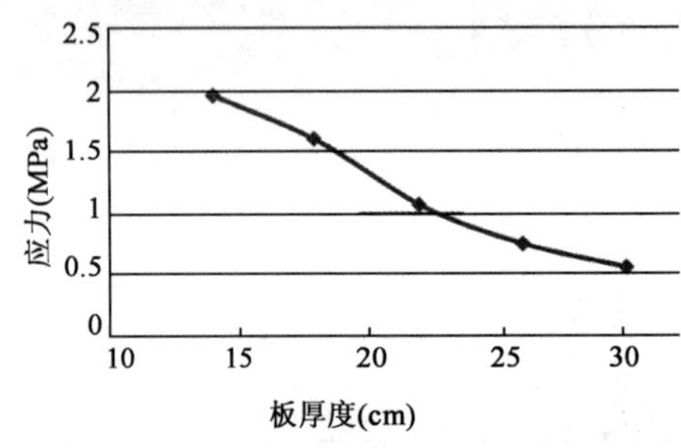

图 2.3-7 RCC 层底部应力随 RCC 层厚度变化

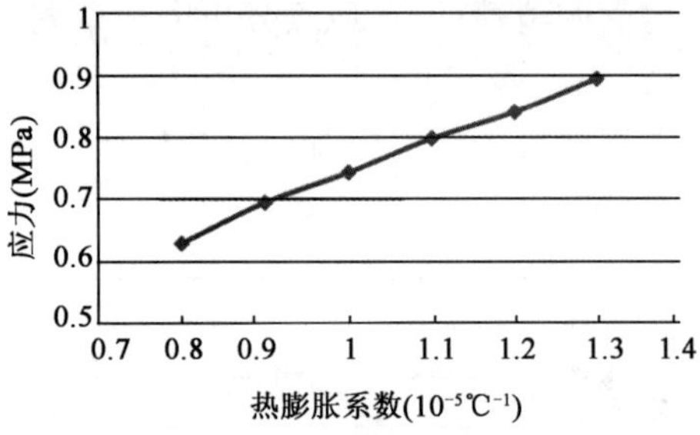

图 2.3-8 RCC 层底部应力随地基模量变化

RCC 层热膨胀系数改变时 RCC 层底部应力 表 2.3-5

RCC 热膨胀系数 $10^{-5}℃^{-1}$	0.8	0.9	1	1.1	1.2	1.3
层底拉应力(MPa)	0.631	0.695	0.743	0.798	0.841	0.893

由表 2.3-5 和图 2.3-8 可知，随着热膨胀系数的增大，RCC 层底部温度拉应力线性增长。当热膨胀系数从 $0.8\times10^{-5}℃^{-1}$ 增大到 $0.9\times10^{-5}℃^{-1}$ 时，RCC 层底部应力增长0.064MPa。热膨胀系数越大，说明材料对温度变化越敏感，因而碾压混凝土基层内的温度应力越大。为提高碾压混凝土基层沥青路面的疲劳寿命，需要减小材料的热膨胀系数，这些都需要从材料设计方面着手。

(5)RCC 层温度梯度的影响

太阳辐射是路面温度场的主要热源，空气有时是次要热源。日出后至 14:00，热从路面表面向内部传递，使得路面表面温度高于内部，形成正温度梯度。14:00 后，路面对外传递的热量大于接收的热量，路面降温，到日出前路面表面温度稍低于内部温度。一天中，正温度梯度远大于负温度梯度值。RCC 层温度梯度直接影响板内的应力应变。设定板底温度 5℃，板顶温度从 10℃变化到 30℃。温度荷载作用下碾压混凝土基层临界荷位处板底的计算结果见表 2.3-6和图 2.3-9。

RCC 层温度梯度改变时 RCC 层底部应力　　表 2.3-6

RCC 顶面温度(℃)	10	15	20	25	30
层底拉应力(MPa)	0.163	0.418	0.743	1.049	1.239

从图 2.3-9 中可以看出，碾压混凝土基层顶面温度升高，碾压混凝土基层层底拉应力线性增大。板底温度 5℃，板顶温度为 10℃时层底拉应力为 0.163MPa；板底温度 5℃，板顶温度变化到 30℃时层底拉应力为 1.239MPa。板底温度 5℃，板顶温度升高 20℃时，碾压混凝土板的温度应力增大 1.07MPa。

(6)RCC 层上沥青面层厚度的影响

RCC 层上沥青面层可以改善碾压混凝土基层的环境适用性和驾驶舒适性。沥青面层对碾压混凝土板的翘曲变形有约束作用。其余参数固定，设定沥青层厚度在 0～25cm 间变化，考察上覆沥青层对碾压混凝土基层温度应力的影响。温度荷载作用下，碾压混凝土基层临界荷位处板底的计算结果见表 2.3-7 和图 2.3-10。

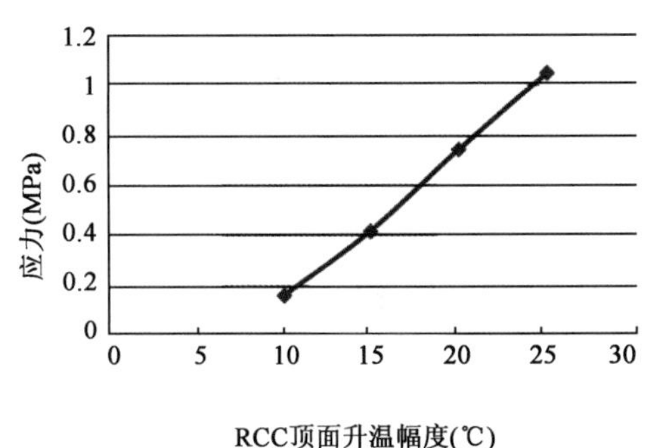

图 2.3-9　RCC 层底部应力随碾压混凝土基层顶面升温幅度变化

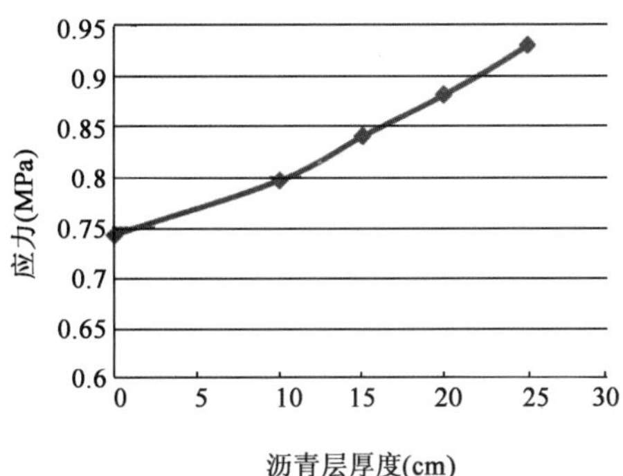

图 2.3-10　RCC 层底部应力随沥青层厚度变化

沥青层厚度改变时 RCC 层底部应力　　表 2.3-7

沥青层厚度(cm)	0	10	15	20	25
层底拉应力(MPa)	0.743	0.797	0.841	0.882	0.931

从图 2.3-10 中可以看出，沥青层厚度为 0m 时，板底拉应力为 0.743MPa；沥青层厚度为 0.1m 时，板底拉应力为 0.797MPa。沥青层厚度增大，碾压混凝土基层板底拉应力增大。增大沥青层厚度会引起碾压混凝土基层内应力升高，厚度增大 0.1m 时，板底拉应力升高 0.05MPa。但若考虑到沥青层对温度梯度的折减，增大沥青层厚度有利于减小碾压混凝上基层的温度应力。

(7)RCC 层模量的影响

RCC 层模量是一个重要的材料参数。集料级配相同，水泥掺量加大后，碾压混凝土模量通常会有所提高。模量提高后，碾压混凝土材料的力学强度会有所提高，但材料的变形协调能力通常会减弱。模型的参数按照基准参数取值，变化碾压混凝土基层材料的模量，以分析模量对 RCC 层临界荷位处板底正应力的影响。温度荷载作用下，碾压混凝土基层临界荷位处板底的计算结果见图 2.3-11。

从图 2.3-11 中可以看出，碾压混凝土基层模量增大，RCC 层临界荷位底部拉应力线性增

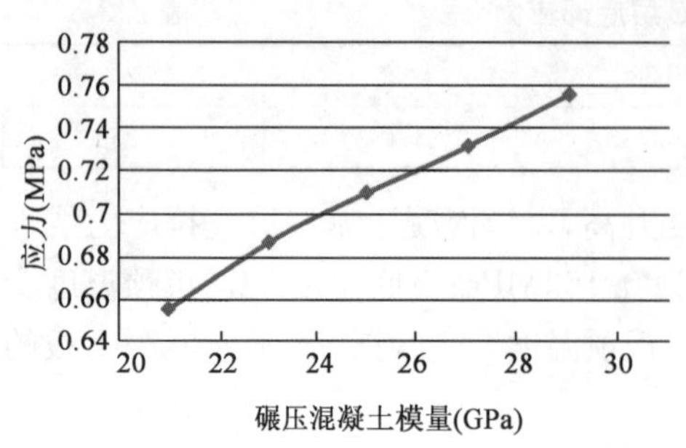

图 2.3-11　RCC 层底部应力随 RCC 基层模量的变化

大。出现这种情况的原因是:碾压混凝土基层模量差异不会导致自由变形的差异,自由状态下的碾压混凝土基层温度变形只与温度状况及材料热膨胀系数相关;同等自由温度变形下,模量越大,临界荷位处板底的应力也越大。

(8)影响因素汇总

以上分析了碾压混凝土基层板板长、厚度、热膨胀系数、温度梯度、模量、沥青面层厚度等因素变化对 RCC 层纵向边缘中部板底温度应力的影响。分析发现:各因素均对 RCC 层纵向边缘中部板底温度应力影响显著;除碾压混凝土基层厚度增大,临界荷位处温度应力减小外,其余因素其数值增大对应的温度应力亦增大。

2.3.3　温度应力计算方法

参照现行《水泥路面设计规范》的计算方法:先计算最大温度梯度时有沥青加铺层的 RCC 路面板临界荷位处温度翘曲应力 σ_{tm};然后计算考虑温度应力累计疲劳作用的温度疲劳应力 σ_{tr}。

2.4　碾压混凝土基层沥青路面结构设计方法

2.4.1　现有设计方法

沥青路面设计方法,可分为经验法和力学—经验法两大类。

经验法主要通过对试验路或使用道路的试验观测,建立路面结构参数、荷载和路面性能三者间的经验关系。最为著名的经验设计方法有美国加州承载比(CBR)法和美国各州公路和运输工作者协会(AASHTO)法。

CBR 法以 CBR 值作为路基土和路面材料(主要是粒料)的性质指标。通过对已损坏或使用良好的路面的调查和 CBR 测定,建立起路基土 CBR—轮载—路面结构层厚度(以粒料层总厚度表征)三者间的经验关系。

AASHTO 法是在 AASHO 试验路的基础上建立的。整理试验路的试验观测数据,得到了路面结构—轴载—使用性能三者间的经验关系式。

力学—经验法首先分析路面结构在荷载和环境作用下的力学反应量(应力、应变、位移)利用在力学反应量与路面性能(各种损坏模式)之间建立的性能模型,按设计要求设计路面结构。从 20 世纪 60 年代初开始,各国科技人员致力于研制和实施沥青路面的力学—经验设计法,著名的有美国沥青协会(AI)法和壳牌(Shell)法。

“经验法”简单实用,但不便于经验的积累和新材料新结构的推广应用。随着公路建设、运营、养护经验的积累,路面设计理论的完善,路面设计方法采用“力学—经验法”的比例越来越高。

2.4.2　碾压混凝土基层沥青路面结构设计指标

顾名思义，碾压混凝土基层沥青路面的两个重要组成部分是碾压混凝土基层、沥青面层。碾压混凝土基层沥青路面使用性能的维持有赖于沥青层与碾压混凝土基层的良好状况。碾压混凝土基层为路面结构提供稳固的支撑，而密实的沥青面层可以大大减弱外界环境对碾压混凝土基层的不利影响。碾压混凝土基层沥青路面中，沥青层不仅作为功能层存在，还是一个结构层。沥青层可扩散车辆荷载，直接减小碾压混凝土基层的应力。

为确保碾压混凝土基层沥青路面良好的服务水平，结构设计应确保路面在两种设计状态(使用状态、极限状态)下均能够安全运行。使用状态体现碾压混凝土基层沥青路面在标准车辆荷载的疲劳作用与一般温度梯度荷载疲劳作用的使用状态。使用状态验算确保路面的耐久性。极限状态体现碾压混凝土基层沥青路面在超额车辆荷载(轴载200kN)的作用与最大温度梯度荷载作用的极限状态。极限状态验算确保路面在极端状况时不发生一次性破坏。

对于碾压混凝土基层沥青路面而言，沥青层层底受压，不会出现因拉应力过大而产生的破坏。沥青混凝土的剪切流动而造成的路面破坏是沥青层的主要病害，沥青面层最大剪应力不应超过材料的容许剪应力。而碾压混凝土基层的病害是疲劳断裂，碾压混凝土基层临界荷位的层底疲劳拉应力(荷载应力与温度应力)和极限拉应力(荷载应力与温度应力)不得超过材料的抗弯拉强度。因此，针对碾压混凝土基层沥青路面各结构层的典型病害分别选取相应的设计控制指标具有一定的合理性。

(1)沥青面层指标

高温车辙已经成为沥青路面最主要的病害之一。车辙严重路段的开挖结果表明：沥青路面车辙主要在路面表面10cm以内产生。路面力学分析亦表明，路面表面10cm以内剪应力较大。剪应力对路面车辙的产生起控制作用，已经得到越来越多的认同。碾压混凝土基层沥青路面基层刚度大，面层模量相对较小，内部剪应力较大，因此采用剪应力作为碾压混凝土基层沥青路面面层的设计指标。

沥青层内最大剪应力采用弹性层状体系理论模型计算。如图2.4-1所示，沥青层内虚线处，计算轮载外边缘沥青层深度分别为0、0.25h、0.5h、0.75h、h共5个位置的剪应力，取最大值作为沥青层内最大剪应力的代表值τ_{max}。

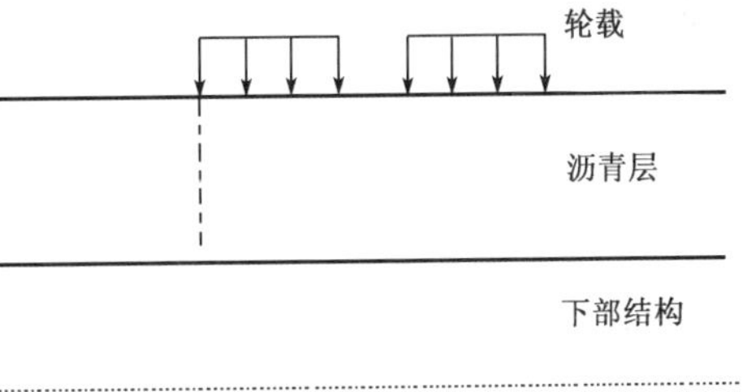

图2.4-1　沥青层最大剪应力计算位置

(2)碾压混凝土基层指标

碾压混凝土基层是路面的主要承力层，弯拉疲劳断裂是其最主要的破坏形式。碾压混凝土基层弯拉应力主要由荷载应力、温度应力构成。荷载应力、温度应力在碾压混凝土板纵缝之间位置达到最大，是控制板疲劳寿命的临界荷位。

因此，碾压混凝土基层以临界荷位的弯拉疲劳应力来控制其疲劳寿命。

2.4.3　碾压混凝土基层沥青路面结构设计流程

碾压混凝土基层沥青路面设计流程如图2.4-2所示。

具体步骤如下：

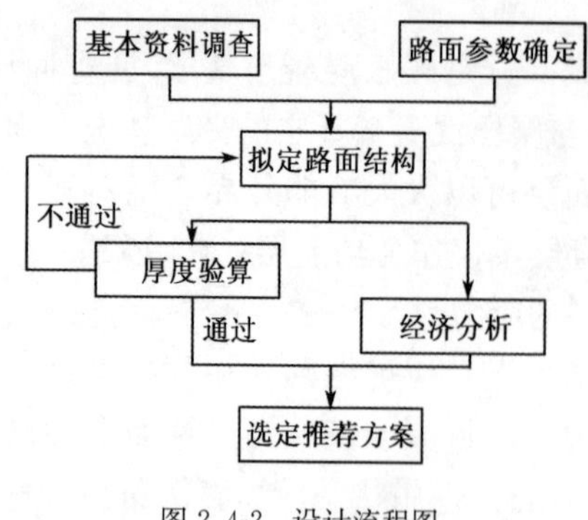

图 2.4-2 设计流程图

(1)道路基本资料调查

基本资料包括道路所在地区的气候状况、可用建筑材料、已建成道路的结构形式、路面常见病害、地区交通组成及未来经济发展速度等。

(2)路面参数确定

拟建道路的等级、设计使用年限、施工单位施工质量的变异水平；交通量、轴载谱、极限轴载、设计年限内交通量的年增长率。确定碾压混凝土基层的厚度、材料参数、切缝间距。

各种轴型的轴载作用次数 N_i，按换算为设计轴载的作用次数 N_s：

$$N_s = \sum_{i=1}^{n} N_i \left(\frac{P_i}{P_s}\right)^{16} \tag{2.4-1}$$

式中：P_i——i 级轴载重，联轴按每一根轴载单独计算；

P_s——设计轴载重；

n——各种轴型的轴载级位数；

N_i——i 级轴载的作用次数；

N_s——设计车道的设计轴载日作用次数(轴次/车道/日)。

在设计年限内作用的累计标准轴载次数 N_e：

$$N_e = \frac{N_s \times [(1+g_r)^t - 1] \times 365}{g_r} \times \eta \tag{2.4-2}$$

式中：N_e——设计年限内设计车道所承受的设计轴载累计次数(轴次/车道)；

t——设计年限；

g_r——设计年限内货车交通量的年平均增长率；

η——临界荷位处的车辆轮迹分布系数。

(3)拟定路面结构

根据工程经验及路面理论，确定比选方案：

①路面结构组合应该能够充分发挥各层材料的性能，使得路面在车辆和温度荷载及环境的作用下，在设计年限内具有良好的使用性能。

②新建碾压混凝土基层沥青路面结构层，从上往下一般可分为：沥青混凝土面层、碾压混凝土基层、半刚性下基层、稳定土垫层及路基。

③路面结构组合设计应在较多利用当地材料的基础上，尽可能多地提出备选方案，通过经济技术比较，选择最优方案。

④结构组合方案设定时需要考虑到施工工艺等原因，确保方案的可操作性。

(4)厚度验算

路面结构各层的应力状态需满足使用状态、极限状态的要求。

①碾压混凝土基层验算。

碾压混凝土基层验算指标如下：

$$\gamma_r(\sigma_{pr}+\sigma_{tr})\leqslant f_r \tag{2.4-3}$$

$$\gamma_r(\sigma_{p,max}+\sigma_{t,max})\leqslant f_r \tag{2.4-4}$$

式中：γ_r——可靠度系数；

σ_{pr}——行车荷载疲劳应力(MPa)；

σ_{tr}——温度梯度疲劳应力(MPa)；

$\sigma_{p,max}$——最重荷载在临界荷位处产生的荷载应力(MPa)；

$\sigma_{t,max}$——最大温度梯度在临界荷位处产生的最大温度翘曲应力(MPa)；

f_r——混凝土弯拉强度标准值(MPa)。

②沥青层验算。

沥青加铺层在荷载作用下产生的最大剪应力 τ_m 应不大于沥青混合料的容许剪应力 τ_R。容许剪应力 τ_R 可按下式计算：

$$\tau_R=\frac{\tau}{K}\times k_r \tag{2.4-5}$$

式中：τ_R——沥青混合料的容许剪应力(MPa)；

τ——沥青混合料的抗剪强度(MPa)，由试验确定；

K——路面抗剪时的结构强度系数，与两个因素有关，即轴载重复作用次数 N_e 与公路路等级系数 A_c，有如下关系：

$$K=\frac{0.35}{A_c}N_e^a \tag{2.4-6}$$

a——通过试验确定的系数，由于缺乏试验数据，参照城市道路路面设计方法，抗剪强度结构系数可以取0.15；

A_c——公路等级系数，高速公路、一级公路为1.0，二级公路为1.1；

k_r——考虑接缝传荷能力的剪应力折减系数，设计时可按不利情况考虑，取1.0。

(5)综合比较，确定最终方案

进行方案的全寿命经济性分析，内容包括建设费用和维护费用。此外，考虑地区工程经验、已有类似路面结构的使用情况等，经综合分析，最终确定路面结构方案。

2.4.4　碾压混凝土基层沥青路面结构验算

依据广东省的路面实践及碾压混凝土基层沥青路面典型结构，用三维有限元模型对如表2.4-1所示的四种不同厚度的碾压混凝土基层沥青路面结构进行计算，材料参数同表2.2-1，计算结果如表2.4-2、表2.4-3所示。

拟分析的碾压混凝土基层沥青路面　　表 2.4-1

结构编号	G-10	G-12	G-15	G-18
沥青面层厚度(cm)	10	12	15	18
碾压混凝土基层厚度	24	24	24	24
水泥稳定级配碎石下基层厚度(cm)	18～20	18～20	18～20	18～20
水泥稳定级配碎石底基层厚度(cm)	18～20	18～20	18～20	18～20
级配碎石垫层厚度(cm)	15～20	15～20	15～20	15～20
地基	—	—	—	—

四种结构 AC 层底部应力　　表 2.4-2

结构类型	AC 层底部应力(MPa)								
	σ_x	σ_y	σ_z	τ_{xy}	τ_{yz}	τ_{zx}	σ_e	τ_{max}	σ_1
G-10	−0.486	−0.555	−0.315	0	−0.002	0	0.218	0.122	−0.313
G-12	−0.476	−0.496	−0.296	0	−0.02	0	0.205	0.102	−0.286
G-15	−0.395	−0.455	−0.254	0	−0.01	0	0.166	0.084	−0.216
G-18	−0.269	−0.281	−0.175	0	−0.001	0	0.146	0.07	−0.173

四种结构 RCC 层底部应力　　表 2.4-3

结构类型	RCC 层底部应力(MPa)								
	σ_x	σ_y	σ_z	τ_{xy}	τ_{yz}	τ_{zx}	σ_e	τ_{max}	σ_1
G-10	0.901	−0.111	0.418	0	−0.007	0	0.871	0.503	0.901
G-12	0.785	−0.082	0.358	0	−0.005	0	0.713	0.468	0.785
G-15	0.663	−0.071	0.295	0	−0.003	0	0.615	0.386	0.663
G-18	0.567	−0.064	0.246	0	−0.002	0.000	0.519	0.299	0.567

从表 2.4-1、表 2.4-2 可以得出，结构 G-10 的 AC 层底部应力大于 G-12 的 AC 层底部应力，其中结构 G-10 沥青层底部 σ_e、τ_{max} 为 0.218MPa 和 0.122MPa，结构 G-18 沥青层底部 σ_e、τ_{max} 为 0.146MPa 和 0.07MPa，减小幅度达到了 49%。而对于 RCC 层底部应力来说，结构 G-10 中的 RCC 层底部应力大于 G-18 中的 RCC 层底部应力，其中 σ_e 从 0.871MPa 降低到 0.519MPa，τ_{max} 从 0.503MPa 降低到 0.299MPa。

分析四种结构的温度应力，计算参数如下：结构板底升温均为 5℃；结构 G-10 和 G-12 顶面升温为 20℃，结构 G-15 和 G-18 顶面升温为 16℃。碾压混凝土：热膨胀系数为 10^{-5}℃$^{-1}$，材料密度为 2 400kg/m^3。切缝间距 8m，碾压混凝土板宽 4m。

在温度荷载作用下，碾压混凝土基层临界荷位处板底温度应力如表 2.4-4 所示。

四种结构 RCC 层底部温度应力　　表 2.4-4

结构类型	RCC 层底部应力(MPa)					
	σ_x	σ_y	σ_z	τ_{xy}	τ_{yz}	τ_{zx}
G-10	0.797	0.022	−0.08	0.003	−0.075	−0.001
G-12	0.712	0.018	−0.06	0.003	−0.061	−0.001
G-15	0.645	0.015	−0.04	0.002	−0.055	−0.001
G-18	0.584	0.011	−0.03	0.001	−0.041	−0.001

从表 2.4-4 可以得出，结构 G-10 临界荷位处 RCC 层底部温度应力大于 G-18，数值分别为 0.797MPa 和 0.584MPa。由以上结果可知，两种结构的温度应力相差较大，差异超过荷载应力。

由表 2.4-5～表 2.4-8 可以看到，当以累计标准轴载 2 000 万次轴载作用次数进行计算时，得到的结构 G-10 碾压混凝土基层疲劳强度应大于 3.35MPa；当以累计标准轴载作用次数为 5 000万次进行计算时，碾压混凝土基层强度应大于 3.58MPa。结构 G-18 当以累计标准轴载 2 000 万次轴载作用次数进行计算时，碾压混凝土基层疲劳强度应大于 2.7MPa；当以累计标准轴载作用次数为 5 000 万次进行计算时，碾压混凝土基层强度应大于 2.86MPa。

结构 G-10 综合疲劳应力计算结果　　表 2.4-5

累计轴载（万次）	荷载疲劳应力 σ_{pr}（MPa）	温度疲劳应力 σ_{tr}（MPa）	可靠度系数 r（MPa）	$r(\sigma_{pr}+\sigma_{tr})$（MPa）	最大剪应力（MPa）
2 000	2.68	0.12	1.20	3.35	0.197
5 000	2.86	0.12	1.20	3.58	0.197

结构 G-12 综合疲劳应力计算结果　　表 2.4-6

累计轴载（万次）	荷载疲劳应力 σ_{pr}（MPa）	温度疲劳应力 σ_{tr}（MPa）	可靠度系数 r（MPa）	$r(\sigma_{pr}+\sigma_{tr})$（MPa）	最大剪应力（MPa）
2 000	2.59	0.05	1.2	3.17	0.182
5 000	2.75	0.05	1.2	3.36	0.182

结构 G-15 综合疲劳应力计算结果　　表 2.4-7

累计轴载（万次）	荷载疲劳应力 σ_{pr}（MPa）	温度疲劳应力 σ_{tr}（MPa）	可靠度系数 r（MPa）	$r(\sigma_{pr}+\sigma_{tr})$（MPa）	最大剪应力（MPa）
2 000	2.41	0.05	1.2	2.95	0.171
5 000	2.55	0.05	1.2	3.12	0.171

结构 G-18 综合疲劳应力计算结果　　表 2.4-8

累计轴载（万次）	荷载疲劳应力 σ_{pr}（MPa）	温度疲劳应力 σ_{tr}（MPa）	可靠度系数 r（MPa）	$r(\sigma_{pr}+\sigma_{tr})$（MPa）	最大剪应力（MPa）
2 000	2.2	0.05	1.2	2.70	0.163
5 000	2.33	0.05	1.2	2.86	0.163

2.5　碾压混凝土基层沥青路面典型结构

对于碾压混凝土基层沥青路面来说，RCC 层是路面结构的主要承重层，其结构厚度应由公路等级、交通级别、轴载作用次数和自然因素等条件通过计算确定；而沥青层的功能主要是提高路面表面的平整度，提高耐磨、抗滑性能，并减小车辆荷载对 RCC 层的冲击振动等，因此沥青层厚度应综合考虑其使用功能和工程造价等来确定。结合广东省路面结构使用状况的实际情况，推荐的碾压混凝土基层沥青路面结构组合如表 2.5-1 所示。

推荐的典型路面结构及适用范围　　表 2.5-1

结构编号	典型路面结构	适用范围
结构 G-10	4cm GAC-13 6cm GAC-20 22cm RCC 18cm CGA 18cm CGA 15～20cm GA 总厚度88cm	中等交通等级(300～1 200 万次)高速公路沥青路面或初期交通量小的路段沥青路面
结构 G-16	4.5cm GAC-16 5.5cm GAC-20 6cm GAC-25 22cm RCC 18cm CGA 18cm CGA 15～20cm GA 总厚度94cm	重交通等级(1 200～2 500 万次)高速公路沥青路面
结构 G-18	4.5cm GAC-16或SMA-13 5.5cm GAC-20 8cm GAC-25 24cm RCC 18cm CGA 18cm CGA 15～20cm CGA 总厚度 98cm	特重交通等级(2 500 万次以上)高速公路沥青路面

注:1. GA 为级配碎石,CGA 为水泥稳定级配碎石,RCC 为碾压混凝土。
2. 路基模量最低要达到 40MPa。
3. 路基条件较好时,垫层可采用 15cm 级配碎石。
4. 路面结构层厚度及材料可根据项目实际情况进行微调。

第 3 章　碾压混凝土基层材料配合比设计与路用性能

本章将介绍应用比较普遍的碾压混凝土配合比设计方法如经验公式法、填充包裹法、正交设计法及绝对体积法，分析影响碾压混凝土性能的因素，在此基础上进行大量的碾压混凝土工作性能、力学性能及干缩、温缩性能试验，提出一套适合碾压混凝土基层的配合比设计方法。

3.1　碾压混凝土配合比设计方法简介

3.1.1　经验公式法

目前较多工程项目建立了碾压混凝土配合设计经验公式，但都是针对碾压混凝土面层或复合式路面碾压混凝土下面层，且没有推广。比较完善的碾压混凝土配合比设计经验公式法是《水泥混凝土路面施工技术规范》(JTG F30—2003)中所推荐的一种方法，主要是通过已经得到验证和使用的经验公式求得碾压混凝土中各种材料的用量，从而求得配合比。其主要步骤如下。

①按式(3.1-1)计算单位用水量：

$$W_{oc} = 137.7 - 20.55\lg VC \tag{3.1-1}$$

式中：W_{oc}——碾压混凝土的单位用水量(kg/m³)；

VC——碾压混凝土拌和物改进 VC 值(s)。

②按式(3.1-2)计算水灰比，并取计算值与路面碾压混凝土满足耐久性要求的规定值两者中的小值。

$$\frac{C}{W} = \frac{f_{cc}}{0.2156 f_s} - 0.798 \tag{3.1-2}$$

式中：f_{cc}——碾压混凝土配制 28d 弯拉强度均值(MPa)；

f_s——水泥实测 28d 抗折强度(MPa)。

③按式(3.1-3)计算单位水泥用量，并取计算值与路面碾压混凝土满足耐久性要求的规定值两者中的大值。

$$C_{oc} = W_{oc}\frac{C}{W} \tag{3.1-3}$$

式中：C_{oc}——碾压混凝土单位水泥用量(kg/m³)。

④按表 3.1-1 选定配合比中粗集料填充体积率。

粗集料填充体积率表

表 3.1-1

砂细度模数 M_x	2.40	2.60	2.80	3.00
粗集料填充体积率 V_g(%)	75	73	71	69

⑤按式(3.1-4)计算粗集料用量：

$$G_{oc} = \gamma_{cc} \frac{V_g}{100} \tag{3.1-4}$$

式中：G_{oc}——碾压混凝土粗集料单位体积用量(kg/m³)；

γ_{cc}——碾压混凝土单位质量(kg/m³)；

V_g——粗集料填充体积率(%)。

⑥根据 G_{oc}、C_{oc}、W_{oc} 及相应原材料密度，按体积法计算用砂量 S_{oc}，计算时应计入设计含气量。

⑦按式(3.1-5)计算单位外加剂用量：

$$Y_{oc} = yC_{oc} \tag{3.1-5}$$

式中：Y_{oc}——碾压混凝土单位外加剂用量(kg/m³)；

y——外加剂掺量。

由于沥青路面基层用碾压混凝土与面层用碾压混凝土性能要求不同，且面层碾压混凝土配合比设计时并不考虑掺加石屑，而基层碾压混凝土从经济性考虑，掺加大量的石屑，加上各地区的原材料性质也不尽相同，经验公式的可靠性大打折扣。此外，其赖以计算的基本参数粗集料填充体积率的取值是不合理的，实践证明，如按其推荐的体积率值计算，则设计不出合理的配合比，因此其应用可靠性也是存疑的。

3.1.2 填充包裹法

这种配合比设计方法基于以下思想：细集料及其空隙恰好被水泥浆所填裹而形成砂浆；粗集料和空隙恰好被水泥砂浆所填裹而形成混凝土。日本建设部关东技术事务所与水泥协会共同研究，提出了此种 RCC 配合比设计方法。这一方法的显著特点是将多个主要因素联系在一起，根据混凝土学原理，按照细集料和粗集料的空隙分别由水泥浆和砂浆填充的原则，引入水泥浆填充系数 K_p 和砂浆填充系数 K_m：

$$K_p = \frac{\text{水泥净浆体积}}{\text{细集料空隙体积}} \geqslant 1 \tag{3.1-6}$$

$$K_m = \frac{\text{砂浆体积}}{\text{粗集料空隙体积}} \geqslant 1 \tag{3.1-7}$$

通过试验研究，在一定的密实功作用下，当填充性良好时，K_p、K_m 值可分别取 1.1～1.4 和 1.2～1.6。

只要确定 K_p、K_m 值，RCC 的各种材料用量可按下列公式计算：

$$G = \frac{1\,000 - 10V_a}{\dfrac{10V_G K_m}{W_G} + \dfrac{1}{\rho_G}} \tag{3.1-8}$$

$$S = \frac{\dfrac{100V_G K_m}{W_G}}{\dfrac{100V_s K_p}{W_s} + \dfrac{1}{\rho_S}} \times G \tag{3.1-9}$$

$$W+\frac{C}{\rho_C}=\frac{10V_sK_p}{W_s}\times S \tag{3.1-10}$$

上述式中：V_a——含气量（%）；

W_s、W_G——干细集料、粗集料在充分密实下的单位质量（kg/m^3）；

V_s、V_G——干细集料、粗集料在充分密实下的空隙率（%）；

ρ_S、ρ_G、ρ_C——细集料、粗集料、水泥的密度（g/cm^3）；

G、S、W、C——粗集料、细集料、水、水泥用量（kg/m^3）。

根据日本提供的方法，关键就在于找出 K_p、K_m 和 W/C，K_p（包含水泥用量）、K_m（包含细集料用量）、W/C 和粉煤灰用量是影响碾压混凝土可碾性、强度及耐久性的主要因素，在碾压混凝土中加入其他材料，如减水剂、缓凝剂等，就应考虑添加材料对碾压混凝土性能的影响。填充包裹法能反映原材料性能对砂率的影响，在填裹方程中虽采用了振实密度，考虑了填充系数，但计算出的砂率对于路面碾压混凝土仍偏低，计算工作也比较麻烦。

3.1.3　正交设计法

重要工工程碾压混凝土的配合比确定应使用正交试验法。路面碾压混凝土正交设计法一般使用 $L_9(3^4)$ 正交表进行配合比设计，其主要思想是先估算一个 RCC 配合比，按正交表变动水灰比、砂率、粉煤灰掺量求最佳值，然后将水灰比、用水量、砂率及粉煤灰掺量作为四个因子，每个因子取三个水平，按正交表配制拌和物，检验改进 VC 值及 28d 抗弯拉强度，选取符合设计要求的 RCC 配合比。正交设计法设计思想包含在表 3.1-2 中。

正交设计法可以经济、准确地挑选出最佳配合比，对缺乏经验的工作人员可减少工作量。如表 3.1-2 所示。

正交试验分析考核　　表 3.1-2

名称	编号	因素				考核指标		
		A	B	C	D	改进 VC 值（s）	28d 强度（MPa）	
							抗弯拉	抗压
直观分析考察指标	1	1	1	1	1			
	2	1	2	2	2			
	3	1	3	3	3			
	4	2	1	2	3			
	5	2	2	3	1			
	6	2	3	1	2			
	7	3	1	3	2			
	8	3	2	1	3			
	9	3	3	2	1			
改进 VC 值	$K1$							
	$K2$							
	$K3$							
	R							

续上表

名称	编号	因素				考核指标		
		A	B	C	D	改进 VC 值(s)	28d 强度(MPa)	
							抗弯拉	抗压
28d 抗弯拉强度	$K1$							
	$K2$							
	$K3$							
	R							
28d 抗压强度	$K1$							
	$K2$							
	$K3$							
	R							

3.1.4 绝对体积法

绝对体积法的原理是新拌混凝土的体积等于各组成材料绝对体积(实体积)与空气的体积之和。该法在常态混凝土配合比中常采用,主要决定下述几个参数:用水量、水灰比、混合材料掺量、砂率及每立方米混合料中各种材料的绝对体积等。通过这 5 个条件来建立 5 个方程式,求解后可得每立方米 RCC 的组成材料。其中用水量需在解方程前根据经验或通过实测 RCC 稠度确定,砂率可查表得到。绝对体积法是普通水泥混凝土配合比设计所采用的一种方法,计算简单,但存在不能准确反映原材料对 RCC 的影响,也未考虑 RCC 特性的缺陷。

鉴于目前用于沥青路面基层的碾压混凝土尚没有一套完善的配合比设计方法,考虑到现有配合比设计方法存在的缺陷,针对基层碾压混凝土路面的特点,研究推荐基层碾压混凝土配合比设计采用综合设计法。

3.2 碾压混凝土性能影响因素

3.2.1 原材料

粗、细集料应质地坚硬、耐久、洁净。集料中含泥量大易造成碾压混凝土内界面缺陷而降低碾压混凝土的强度、耐久性,所以要求严格控制;集料中针片状颗粒过多,由于其表面积大,在浆体量一定的情况下,包裹碎石的浆量必然不足,降低碾压混凝土的和易性,最终影响施工,另外也会降低碾压混凝土的强度特别是抗弯拉强度,还会影响到碾压混凝土的耐久性,因此也要严格控制。

贫混凝土和碾压混凝土用作基层时,可使用各种硅酸盐类水泥。但普通硅酸盐水泥水化热高,干缩率较大,如养护措施不当,则会增加路面开裂和概率,过早、过多地产生收缩裂缝;而复合硅酸盐水泥中由于掺加了粉煤灰等掺和材,干缩率小,水化热较低,降低了路面开裂的风险。因此,在保证路面强度的基础上,为防止碾压混凝土基层开裂,宜使用强度等级较低的 P.

C32.5 复合硅酸盐水泥。

3.2.2　外加剂

碾压混凝土作为沥青路面的基层，其抗弯拉强度可较传统的碾压混凝土面层或复合式路面碾压混凝土下面层适当降低。据此，以复合硅酸盐 32.5 级水泥为胶结料，分别采用 300kg/m^3、320kg/m^3、340kg/m^3 三种水泥用量，矿料级配通过试算，选定了如表 3.2-1 所示的粗、细集料三种组成比例，分别采用掺外加剂和不掺外加剂两种方案进行正交试验。

外加剂影响试验的各档材料比例　　表 3.2-1

编号	各档材料用量(%)			
	10～30mm	10～20mm	0～10mm	砂
级配 1	12	40	16	32
级配 2	8	50	20	22
级配 3	0	60	20	20

(1)掺外加剂的正交试验

在碾压混凝土中掺加水泥剂量 0.5%的 KDNOF-2 型缓凝高效减水剂，并且直接按碾压混凝土的理论密度及试模内腔容积计算成型一个试件所需的试样质量。碾压混凝土正交试验水平因素见表 3.2-2，7d 及 28d 强度试验结果如表 3.2-3 所示。

掺外加剂的碾压混凝土正交试验水平因素　　表 3.2-2

因素 / 水平	级配	单位用水量(kg/m^3)	水泥用量(kg/m^3)
1-1	1	130	300
1-2	2	135	320
1-3	3	140	340

掺外加剂的碾压混凝土正交试验结果　　表 3.2-3

配合比编号		1	2	3	4	5	6	7	8	9
7d 强度(MPa)	抗弯拉	4.04	4.47	4.59	4.21	4.37	3.37	3.4	3.86	3.25
	抗压	27.4	27.1	30.0	27.0	25.5	21.6	21.1	26.4	27.4
28d 强度(MPa)	抗弯拉	6.04	5.15	4.91	4.61	5.23	4.13	4.00	4.73	4.27
	抗压	35.1	32.1	37.3	38.2	34.7	30.4	30.0	36.6	33.8

由表 3.2-3 可见，所配正交试验 9 组碾压混凝土试件的 28d 抗弯拉强度和抗压强度均大于《公路沥青路面设计规范》(JTG D50—2006)中对特重、重交通下的贫混凝土基层材料强度要求(28d 抗弯拉强度 2.5～3.5MPa，28d 抗压强度 12～20MPa)。由此说明所选三种矿料级配性能较好，用试验方法提出选择矿料级配的方法是可行的，可为以后进行碾压混凝土配合比设计提供参考。

在通过正交试验选定最佳配合比的基础上，出于如下两方面的考虑：一是掺加外加剂需要相应的配套设备，这会增加碾压混凝土的施工工序，延缓工程进度；二是虽然掺加剂能改善碾压混凝土的各项性能，但却增加了工程造价。因此，如果不掺加外加剂而碾压混凝土能满足工程要求，则建议不掺，这样可以减少工程工序、降低成本。基于此，选择掺外剂正交试验的最佳配合比——1号配合比(即采用级配1，单位用水量为130kg/m³，水泥用量为300kg/m³)，但不掺加外剂作为对比试验，成型一组试件，用以与最佳配合比条件成型的相应龄期试件做比较。试验结果如表3.2-4所示。

最佳配合比下的碾压混凝土对比试验结果 表3.2-4

外加剂添加情况	7d强度(MPa)		改进VC值(s)
	抗弯拉	抗压	
掺0.5%的缓凝高效减水剂	4.04	27.4	38
未掺外加剂	3.41	23.8	不出浆

由表3.2-4可知，在采用掺外剂正交试验确定的最佳配合比时，未掺外加剂所成型的碾压混凝土7d抗弯拉强度、抗压强度都较掺0.5%高效减水剂有一定程度的下降，其中抗弯拉强度降低了15.6%，抗压强度降低了13.2%。在当前配合比的用水量状况下，未掺外加剂时成型的碾压混凝土，进行改进维勃稠度试验时没有出浆，说明其达不到施工要求，用水量需要重新调整。

(2)未掺外加剂的正交试验

依据掺外加剂正交试验的经验，在强度满足设计要求的前提下，从经济性和易于施工的角度考虑，保持原材料种类、集料级配、设计和试验方法不变，不掺加外加剂，调整水泥用量进行第二次正交试验。其中根据碾压混凝土的理论密度及试模内腔容积，按95%的压实率计算成型一个试件所需的试样质量，并以此成型试件。试验水平因素表及试验结果如表3.2-5、表3.2-6所示。

未掺外加剂的碾压混凝土正交试验水平因素 表3.2-5

因素 / 水平	级配	单位用水量(kg/m³)	水泥用量(kg/m³)
2-1	1	135	220
2-2	2	140	240
2-3	3	145	260

未掺外加剂的碾压混凝土正交试验结果 表3.2-6

配合比编号		1	2	3	4	5	6	7	8	9
7d强度(MPa)	抗弯拉	2.53	2.46	2.81	2.94	2.90	2.54	2.92	2.83	2.54
	抗压	18.2	17.7	18	16.6	18.2	13.4	18.1	15.7	15.9
改进VC值(s)		34	42	28	51	30	38	46	31	19

未掺外加剂的碾压混凝土正交试验结果表明，在不掺外加剂的情况下，当前所选的配合比难于同时满足碾压混凝土的力学性能和工作性能。此外，从试验结果还可看出，用级配2号和级配3号成型的碾压混凝土(表3.2-6中的4、5、6号配合比试件由级配2成型，7、8、9号配合比由级配3成型)都能达到较高的7d抗弯拉强度，其中级配2要略优于级配3的试验结果。

综合两次正交试验结果可知，在不掺加高效减水剂的情况下，用水量取140kg/m³，水泥用量取260kg/m³时，可以设计出7d抗弯拉强度为2.90MPa，7d抗压强度为18.2MPa的碾压混凝土配合比，其结果优于《公路沥青路面设计规范》(JTG D50—2006)中对特重、重交通下的贫混凝土基层同龄期的相应控制指标(28d 抗弯拉强度 2.5～3.5MPa，7d 抗压强度 9～15MPa)。

掺外剂的碾压混凝土正交试验结果表明，与普通混凝土一样，掺加外剂能有效改善碾压混凝土的力学性能及工作性，但在碾压混凝土中，掺加外加剂同样会增加工程成本及施工难度；未掺外加剂的碾压混凝土，如果级配适当，用水量、水泥用量及用砂量合适，亦能满足其工作性及力学性能要求。因此，虽然外加剂对碾压混凝土性能影响明显，但从经济性角度考虑则不宜使用。

3.2.3　水泥用量

为在使用中保证碾压混凝土具有较高的使用品质，且具有较好的经济性能，在保证设计指标的基础上，适当降低水泥用量，以日本碾压混凝土面层级配为基础进行配合比设计。试验采用 P.C32.5 复合硅酸盐水泥，碾压混凝土配合比设计采用绝对体积法，配合比确定采用正交试验法，选用单位用水量、水泥用量、级配三个因素，每个因素选定三个水平，用 $L_9(3^4)$ 正交表安排试验。根据选定的混合料级配、单位水泥用量及单位用水量成型试件，压实率为 97%，试验用水平因素表和正交试验结果分别分析见表 3.2-7、表 3.2-8。

正交试验水平因素　　表 3.2-7

因素 / 水平	A	B	C
	级配	单位用水量(kg/m³)	单位水泥用量(kg/m³)
1	A1	145	200
2	A2	150	220
3	A3	155	240

正交试验结果分析　　表 3.2-8

项目	编号	因素			考核指标				
		级配	单位用水量(kg/m³)	单位水泥用量(kg/m³)	改进 VC 值(s)	7d 抗弯拉强度(MPa)	7d 抗压强度(MPa)	28d 抗弯拉强度(MPa)	28d 抗压强度(MPa)
直观分析考察指标	1	A1	145	200	53	2.04	14.0	3.20	19.8
	2	A1	150	220	33	2.42	15.5	2.75	17.8
	3	A1	155	240	28	2.49	16.3	2.69	18.3
	4	A2	145	220	35	2.67	18.5	2.88	21.1
	5	A2	150	240	25	2.69	19.7	3.19	20.9
	6	A2	155	200	16	2.16	14.5	2.44	15.2
	7	A3	145	240	41	2.92	20.0	2.93	20.9
	8	A3	150	200	34	2.32	13.8	2.46	15.6
	9	A3	155	220	39	2.29	16.1	2.53	19.0

由上表可知，以日本碾压混凝土面层级配为基础可以设计出具有较高抗弯拉强度和抗压

强度的碾压混凝土配合比。此次正交试验中的5号配合比为最佳配合比,即矿料采用A2级配,水泥用量为240kg/m^3,用水量为150kg/m^3,其配制的碾压混凝土改进VC值为25s,28d抗压强度为20.9MPa,28d抗弯拉强度为3.19MPa,试样表面评分为5分,满足了设计要求,达到了降低费用的目的。

配合比所采用的A2级配如表3.2-9和图3.2-1所示。

碾压混凝土粗细集料合成A2级配　　表3.2-9

筛孔尺寸(mm)		31.5	26.5	19	9.5	4.75	2.36	0.6	0.075
通过质量百分率(%)	上限	100	100	100	74	56	47	25	7
	下限	100	97	90	44	35	27	10	0
中值		100	98.5	95	59	45.5	37	17.5	3.5
合成级配		100	98.8	93.1	50.5	39.9	33.1	18.8	2.2

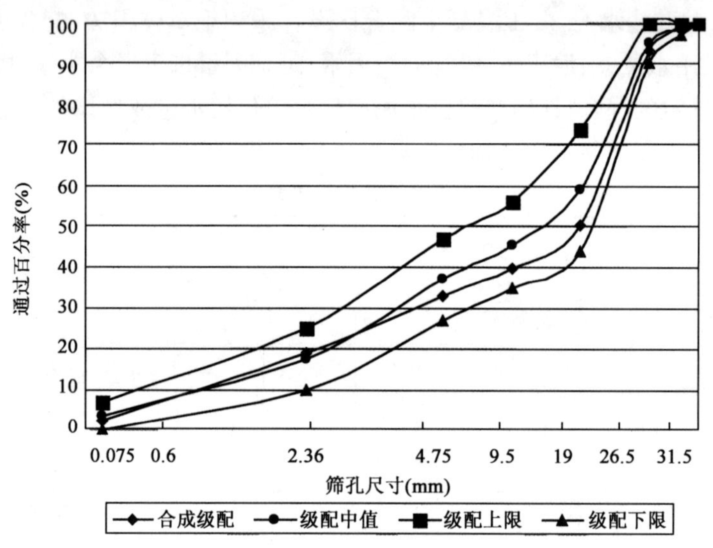

图3.2-1　最佳配合比的碾压混凝土合成A2级配曲线

虽然影响碾压混凝土性能的因素有多种,但是水泥用量毫无疑问是其中主要的、关键的因素。用较低的水泥用量达到满足碾压混凝土性能的要求是最基本的原则,试验结果表明,这是可以做到的,也是符合经济性、功能性要求的。

3.2.4　级配类型

基于碾压混凝土的功能定位,从便于推广应用的角度出发,应充分利用水稳拌和设备、摊铺设备以及水泥稳定类基层材料等。因此,以《公路路面基层施工技术规范》(JTJ 034—2000)中的水泥稳定类基层级配范围为基础,采用P.C32.5复合硅酸盐水泥进行碾压混凝土配合比设计研究。碾压混凝土配合比设计采用绝对体积法,配合比确定采用正交试验法,选用单位用水量、水泥用量、级配三个因素,每个因素选定三个水平,选用$L_9(3^4)$正交表安排试验方案。试验用水平因素见表3.2-10,正交试验结果分析见表3.2-11。

水 平 因 素　　表 3.2-10

因素 / 水平	A	B	C
	级配	单位用水量(kg/m³)	单位水泥用量(kg/m³)
1	B1	140	200
2	B2	145	220
3	B3	150	240

正 交 试 验 分 析　　表 3.2-11

项目	配合比编号	因素			考核指标				
		级配	单位用水量(kg/m³)	单位水泥用量(kg/m³)	改进VC值(s)	7d抗弯拉强度(MPa)	7d抗压强度(MPa)	28d抗弯拉强度(MPa)	28d抗压强度(MPa)
直观分析考察指标	1	B1	140	200	35	2.27	11.7	3.04	18.2
	2	B1	145	220	32	2.02	13.0	3.68	20.9
	3	B1	150	240	34	1.99	14.7	3.60	20.9
	4	B2	140	220	39	2.02	14.0	3.24	22.5
	5	B2	145	240	28	2.14	15.5	3.65	19.8
	6	B2	150	200	34	1.62	10.4	3.17	18.0
	7	B3	140	240	50	1.98	13.8	2.88	—
	8	B3	145	200	40	1.74	10.2	2.68	16.3
	9	B3	150	220	33	1.72	11.0	3.27	17.4
改进VC值	K_1	101	124	109					
	K_2	101	100	104					
	K_3	123	101	112					
	R	22	24	8					
7d抗弯拉强度	K_1	6.28	6.26	5.63					
	K_2	5.78	5.90	5.75					
	K_3	5.44	5.34	6.11					
	R	0.83	0.93	0.48					
7d抗压强度	K_1	39.43	39.48	32.25					
	K_2	39.82	38.70	38.00					
	K_3	34.98	36.05	43.98					
	R	4.83	3.43	11.73					

由上表可知，以现行公路路面水泥稳定类基层级配为基础也可以设计出具有较高抗弯拉强度和抗压强度的碾压混凝土配合比。此次正交试验中的 5 号配合比为最佳配合比，即矿料采用 B2 级配，水泥用量为 240kg/m³，用水量为 145kg/m³，其配制的碾压混凝土改进 VC 值为 28s，7d 抗压强度为 15.5MPa、抗弯拉强度为 2.14MPa，28d 抗压强度为 19.8MPa、抗弯拉强度为 3.65MPa，试样表面评分为 5 分，满足了设计要求，达到了便于推广应用的目的。

配合比所采用的 B2 级配如表 3.2-12 和图 3.2-2 所示。

碾压混凝土粗细集料合成 B2 级配 表 3.2-12

筛孔尺寸(mm)		31.5	26.5	19	9.5	4.75	2.36	0.6	0.075
通过质量百分率(%)	上限	100	100	89	67	49	35	22	7
	下限	100	90	72	47	29	17	8	0
中值		100	95	80.5	57	39	26	15	3.5
合成级配		100	97	83.4	49.4	40.3	32.5	18.1	3.1

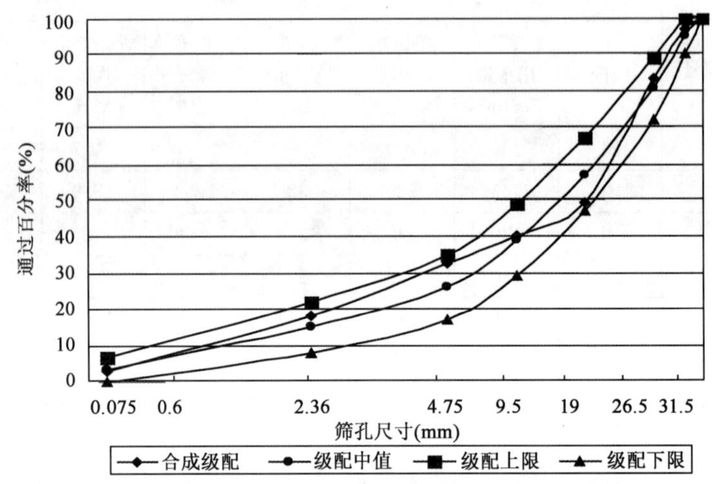

图 3.2-2 最佳配合比的碾压混凝土合成 B2 级配曲线

由此可见，无论是采用应用于面层的碾压混凝土级配范围，还是采用应用于基层的水泥稳定基层类级配范围，皆可设计出满足要求的碾压混凝土。大量的研究亦表明，混合料级配并不是影响碾压混凝土性能的关键因素，因此，对于基层碾压混凝土路面，其级配控制相对可以放松。

3.2.5 水泥强度等级

对于不同的路面结构形式，对不同层位的碾压混凝土强度要求是不一样的，如厚度 24cm 碾压混凝土上基层＋6cmAC-20 中面层＋4cmAC-13 上面层的路面结构，由于沥青面层仅 10cm 厚，碾压混凝土实际为路面下面层结构的一部分，对强度有更高的要求(28d 抗弯拉强度＞3.5MPa)。为此，以表 3.2-1 中级配 1 为基础，采用 P.O42.5 号水泥代替 P.C32.5 号水泥，选用三个水泥剂量进行配合比设计研究，得到的碾压混凝土强度试验结果如表 3.2-13 所示。

P.O42.5 水泥碾压混凝土配合比试验结果 表 3.2-13

水泥掺量(kg/m^3)	碾压混凝土 7d 强度(MPa)		碾压混凝土 28d 强度(MPa)	
	抗弯拉	抗压	抗弯拉	抗压
220	2.41	19.4	3.37	27.7
240	2.90	22.5	3.68	31.5
260	3.10	24.4	3.61	30.4
240(用 32.5 水泥)	2.69	19.7	3.19	20.9

由表 3. 2-12 可以看到，采用 42. 5 水泥可以明显提高碾压混凝土的强度，其 28d 抗弯拉强度达到了 3. 68MPa，较相同配合比下采用 32. 5 水泥时提高了 15. 4%，而且，随着水泥剂量的增加，碾压混凝土早期抗压强度和抗弯拉也逐渐增大。

不言而喻，水泥强度等级同样是影响碾压混凝土力学性能的一个关键指标，因此，如果确有必要，在进行碾压混凝土配合比设计及施工时，可采用高等级水泥，但应适当降低其掺量，以节约工程成本。

3.2.6　集料含泥量

碾压混凝土的结构强度会受到集料洁净程度的影响。为分析集料洁净程度对混合料强度的影响情况，对集料进行水洗后，采用 3. 2. 3 小节中 2 号配合比进行验证研究，结果如表 3. 2-14所示。

水洗集料碾压混凝土配合比试验结果　　表 3. 2-14

集料	碾压混凝土 7d 强度(MPa)	
	抗弯拉	抗压
未水洗	2. 14	15. 5
水洗	2. 29	16. 9
水洗后提高百分率(%)	7. 0	9. 0

由表 3. 2-14 可知，采用水洗后的集料可以明显提高碾压混凝土的强度，7d 龄期的抗压强度提高了 9%、抗弯拉强度提高了 7%。这也是 3. 2. 1 小节中要特意强调集料含泥量对碾压混凝土性能影响的原因，因此施工中应严格按规定要求控制集料、石屑等材料的含泥量。

3.2.7　砂率

根据 3. 2. 6 小节的试验研究结果，采用水洗集料设计的碾压混凝土，其强度有明显提高。由于河砂较石屑洁净，因此采用提高河砂含量的办法进行配合比设计，以研究河砂掺量即砂率对碾压混凝土的力学性能的影响。试验时采用了三种不同级配，配合比设计及试验结果如表 3. 2-15所示。

掺加不同砂率的碾压混凝土配合比设计及试验结果　　表 3. 2-15

项目 级配	(10～30)：(10～20)：(0～10)：砂	用水量(kg/m³)	水泥用量(kg/m³)	水泥种类	7d 抗压强度(MPa)	7d 抗弯拉强度(MPa)
S-1	19：41：8：32	130	240	32. 5 级	22. 4	3. 16
S-2	8：50：6：36	130	240	42. 5 级	26. 4	3. 53
S-3	19：41：8：32	125	240	42. 5 级	29. 5	3. 69

由表 3. 2-15 可以看到，在级配 S-1 中，采用河砂的比例为 32%时，水泥用量与本章 3. 2. 4 小节 5 号配合比相同，而 7d 的抗弯拉强度就超过了 3MPa，可见提高河砂的比例明显改善了混合料的力学性能。而采用级配 S-2 的碾压混凝土，与级配 S-3 碾压混凝土试验结果相比较，虽然其砂率较高，但碾压混凝土力学性能反而较低，说明砂率对碾压混凝土性能的影响并不是线性的，而是类抛物线的，即存在一个最佳的砂率掺量，该一点可以从广东省三条采用碾压混

凝土基层的高速公路项目实践中得到验证，三条高速公路碾压混凝土均采用水泥 P. C32. 5 复合硅酸盐水泥，其集料设计级配及试验结果分别如表 3. 2-16～表 3. 2-21 所示。

一号高速公路配合比设计集料配比　表 3. 2-16

级配编号	各档材料用量(质量百分比,%)			
	10～20mm	5～10mm	0～5mm	砂
1	34	30	12	24
2	42	24	8	26
3	32	28	8	32

二号高速公路配合比设计集料配比　表 3. 2-17

级配编号	各档材料用量(质量百分比,%)			
	10～20mm	5～10mm	0～5mm	砂
1	36	30	8	26
2	40	28	7	25
3	42	27	8	23

三号高速公路配合比设计集料配比　表 3. 2-18

级配编号	各档材料用量(质量百分比,%)				
	10～25mm	10～20mm	5～10mm	0～5mm	砂
1	0	46	14	13	27
2	0	42	15	10	33
3	16	38	10	6	30

一号高速公路正交试验结果分析　表 3. 2-19

名称	编号	因素				考核指标	
		A	B	C	D(误差)	改进 VC 值(s)	28d 抗弯拉强度(MPa)
直观分析考察指标	1	1 号	120	220	1	59	3. 55
	2	1 号	125	240	2	37	3. 77
	3	1 号	130	260	3	34	4. 60
	4	2 号	120	240	3	38	3. 85
	5	2 号	125	260	1	35	4. 85
	6	2 号	130	220	2	40	4. 05
	7	3 号	120	260	2	46	4. 45
	8	3 号	125	220	3	36	3. 75
	9	3 号	130	240	1	40	3. 47
改进 VC 值	K_1	130	143	135	134	$K_1+K_2+K_3=365$	
	K_2	113	108	115	123		
	K_3	122	114	115	108		
	R	17	35	20	26		

续上表

名称	编号	因素				考核指标	
		A	B	C	D(误差)	改进 VC 值(s)	28d 抗弯拉强度(MPa)
28d 抗弯拉强度	K_1	11.92	11.85	11.35	11.87	$K_1+K_2+K_3=36.34$	
	K_2	12.75	12.37	11.09	12.27		
	K_3	11.67	12.12	13.90	12.20		
	R	1.08	0.52	2.81	0.40		

注：K_1、K_2、K_3 分别为同一水平时各个因素对应的改进 VC 值或 28d 抗弯拉强度之和，R 为极差，下同。

二号高速公路正交试验结果分析　　表 3.2-20

名称	编号	因素				考核指标	
		A	B	C	D(误差)	改进 VC 值(s)	28d 抗弯拉强度(MPa)
直观分析考察指标	1	1 号	200	115	1	72	3.54
	2	1 号	220	120	2	27	3.88
	3	1 号	240	125	3	30	4.30
	4	2 号	200	120	3	33	3.04
	5	2 号	220	125	1	27	3.47
	6	2 号	240	115	2	34	4.13
	7	3 号	200	125	2	28	3.27
	8	3 号	220	115	3	35	3.70
	9	3 号	240	120	1	31	3.89
改进 VC 值	K_1	129	133	141	130	$K_1+K_2+K_3=317$	
	K_2	94	89	91	89		
	K_3	94	95	85	98		
	R	35	44	56	32		
28d 抗弯拉强度	K_1	11.72	9.85	11.37	10.90	$K_1+K_2+K_3=33.22$	
	K_2	10.64	11.05	10.81	11.28		
	K_3	10.86	12.32	11.04	11.04		
	R	1.08	2.47	0.56	0.38		

三号高速公路正交试验结果分析 表 3.2-21

名称	编号	因素				考核指标	
		A	B	C	D(空列)	改进 VC 值(s)	28d 抗弯拉强度(MPa)
直观分析考察指标	1	1号	200	114	1	41	3.10
	2	1号	220	118	2	25	3.53
	3	1号	240	122	3	26	4.04
	4	2号	200	118	3	46	3.19
	5	2号	220	122	1	28	3.37
	6	2号	220	122	1	28	3.37
	7	3号	200	122	2	15	3.20
	8	3号	220	114	3	35	3.82
	9	3号	240	118	1	26	3.57
改进VC值	K_1	92	102	124	94	$K_1+K_2+K_3=289$	
	K_2	122	87	96.5	88.5		
	K_3	75	100	68.5	106.5		
	R	47	15	56	18		
28d抗弯拉强度	K_1	10.67	9.49	10.82	10.04	$K_1+K_2+K_3=31.72$	
	K_2	10.46	10.72	10.29	10.63		
	K_3	10.59	11.51	10.61	11.05		
	R	0.21	2.02	0.53	1.01		

砂率对碾压混凝土强度的影响存在明显的规律，在水泥用量相同时，无论其他各档材料的比例如何变化，一号高速公路当砂率为 26%(表 3.2-16 中 2 号配合比)时，碾压混凝土 28d 抗弯拉强度最大，而二号高速公路同样当砂率为 26%时(表 3.2-17 中 1 号配合比)，碾压混凝土 28d 抗弯拉强度最大。三号高速公路则略有不同，水泥用量为 200kg/m^3、220kg/m^3 时，砂率为 30%时碾压混凝土 28d 抗弯拉强度最大，当水泥用量为 200kg/m^3 时，砂率为 27%时碾压混凝土 28d 抗弯拉强度最大。

这一方面证明砂率对碾压混凝土强度有重要作用，另一方面也说明碾压混凝土配合比设计存在最佳砂率。以上三个项目配合比设计时，0～5mm 石屑的筛分结果与砂接近，而前两个项目砂和石屑的比例相加皆为 34%，后一个项目碾压混凝土力学性能最好的配合比，砂和石屑相加的比例分别为 36%、40%。以此推断，基层碾压混凝土配合比设计时应该存在最佳砂率，即砂和石屑掺量存在一个最佳值，且基本在 35%～40%。

3.3 碾压混凝土性能试验

3.3.1 工作性

在碾压混凝土路面施工工艺要求中，有一对必须要协调解决好的本质矛盾：平整度要求拌和物更干硬，而密实度要求其更湿软，两者对拌和物工作性的要求正好相反。这个问题，在平整度要求很高的高速公路和一级公路上很难协调到两者同时都满足。又由于我国砂石料露天堆放，砂石料含水率波动很大，更增加了协调两者共同满足的难度。

在协调解决这对工艺矛盾中，方法之一是降低对平整度的苛刻要求，首先保证密实度及强度要求，此如在二级以下公路路面和复合式路面，平整度要求较为宽松的条件下，就好办得多。《水泥混凝土路面施工技术规范》(JTG F30—2003)要求碾压混凝土出搅拌机口改进 VC 值宜取 5～10s，碾压时的改进 VC 值宜控制在 30s±5s。在满足密实度和抗离析的要求后，再考虑碾压混凝土满足平整度的要求。但《公路工程水泥及水泥混凝土试验规程》(JTG E30—2005)条文说明中又提出，根据经验，路面碾压改进 VC 值在 35～45s 较为适宜。两部规范中对碾压时改进 VC 值截然不同的规定，说明对碾压混凝土工作性指标并没有统一的认识，而且现有规范中规定的改进 VC 值是针对用于路面面层的碾压混凝土混合料的，对于基层碾压混凝土混合料是否适用是不确定的。因此，无论是面层还是其层，其工作性指标都尚有较大的研究空间。

依托一、二、三号高速公路的建设实践，进行了大量的基层碾压混凝土混合料工作性试验，采用改进 VC 值作为衡量指标，以更深入地研究碾压混凝土工作性问题。采用表 3.2-19～表 3.2-21 中一、二、三号高速公路的配合比设计试验数据，研究分析碾压混凝土混合料工作性之现象。

影响碾压混凝土混合料工作性即改进 VC 值的最主要因素是单位用水量，其次是单位水泥用量，再次是级配，后两个影响因素由于试验样本及误差的影响，影响程度可能会有变化，但毫无疑问，单位用水量是影响的主要因素。因此，碾压混凝土工作性评价指标改进 VC 值与这些影响因素间应该存在相关性，而且找出这个相关性无疑会对研究碾压混凝土工作性及指导施工有深远意义。

以单位用水量、单位水泥用量为自变量，改进 VC 值为因变量，拟合三者之间的关系。一、二、三号高速拟合关系式依次如式(3.3-1)～式(3.3-3)所示：

$$VC = -0.167m_c - 0.967m_w + 201.389 \tag{3.3-1}$$

相关系数 $R^2 = 0.427$。

$$VC = -0.317m_c - 1.867m_w + 328.889 \tag{3.3-2}$$

相关系数 $R^2 = 0.48$。

$$VC = -0.008m_c - 2.333m_w + 309.500 \tag{3.3-3}$$

相关系数 $R^2 = 0.523$。

综合一、二、三号高速公路配合比试验数据，拟合单位用水量、单位水泥用量、改进 VC 值三者之间的关系，如式(3.3-4)所示：

$$VC = 0.018m_c - 0.727m_w + 120.155 \tag{3.3-4}$$

式中：VC——改进 VC 值(s)；

m_c——单位水泥用量(kg/m^3)；

m_w——单位用水量(kg/m^3)。

相关系数 $R^2 = 0.107$。

试验证明，单独拟合一、二、三号高速公路配合比试验数据中单位用水量、单位水泥用量、改进VC值之间关系式，相关性相对较好，而如果综合在一起拟合，则相关性更差。由此说明，由于某一数据的离散性太大造成改进VC值与其影响因素间相关性差。众所周知，在ϕ240mm×200mm的圆桶中放入约25kg碾压混凝土混合料，其上压上带8.7kg配重的自重2.75kg的透明玻璃圆盘，测试透明圆盘半圆出浆的时间即为改进VC值。如此，测试时何时算半圆出浆不易把握，不同的试验人员测得的数据肯定不一样；就是同一试验人员，不同配合比的混合料甚至同一配合比混合料的平行试验测得的改进VC值也必然不一样。因此，就能解释为何改进VC值与其影响因素相关性差，显然这是由于改进VC值本身离散性大造成的。

试验证明，规范推荐的碾压混凝土工作性测试方法即改进VC值法存在离散性大的问题，其测试值准确性、稳定性差，因此碾压混凝土工作性还需更加深入的研究，以解决现有方法存在的问题。

3.3.2 力学特性

碾压混凝土刚性基层由于其强度高、耐久性好、良好的抗冲刷性能力以及施工方便、开放交通快等优点，具有广阔的应用前景。而碾压混凝土基层作为路面主要的承重结构，在交通量、交通荷载越来越大的情况下，其力学性能成了决定路面质量的关键，因此有必要对其力学性能进行全面的研究，以满足路面结构强度、工作性、耐久性和经济性的要求。由于碾压混凝土用于路面基层处于起步阶段，我国也没有制定碾压混凝土相应的技术规范及施工控制指标，因此从实际出发，首先研究碾压混凝土抗弯拉、抗压、劈裂强度等力学指标。

以广东西部某高速公路建设为依托，进行基层碾压混凝土力学特性研究。具体的试验数据见本书6.2.3小节的内容。

通过基层碾压混凝土强度试验，可以发现，影响其强度的因素有单位水泥用量、单位用水量、水泥强度等级、砂率或石屑掺量等，而这些因素也是配合比设计时必须考虑的。从3.1节可知，现有碾压混凝土配合比设计方法主要是靠经验设计，单位水泥用量及单位用水量一般都是靠经验预估，预估的掺量是否满足设计要求的可靠度无法保证。基于此，为省时、省力、经济地设计出满足设计要求的配合比，在配合比设计之前，必须有一套可预估满足设计指标要求的水泥用量、用水量的经验公式。影响碾压混凝土混合料抗弯拉强度的最主要因素是单位水泥用量，单位用水量及级配由于试验样本及误差的影响，影响程度可能会有变化。因此，碾压混凝土强度与这些影响因素间应该同样存在相关性，而找出这个相关性对碾压混凝土配合比设计具有指导意义。

以单位用水量、单位水泥用量为自变量，28d抗弯拉强度为因变量，拟合三者之间的关系。一、二、三号高速公路拟合关系式依次见式(3.3-5)～式(3.3-7)：

$$f_f = 0.021m_c + 0.009m_w - 2.187 \tag{3.3-5}$$

相关系数R^2=0.578。

$$f_f = 0.021m_c - 0.011m_w + 0.483 \tag{3.3-6}$$

相关系数R^2=0.789。

$$f_f = 0.017m_c - 0.009m_w + 0.854 \tag{3.3-7}$$

相关系数R^2=0.749。

综合一、二、三号高速公路配合比试验数据，拟合单位用水量、单位水泥用量三者之间的关系，如式(3.3-8)所示。

$$f_{\mathrm{f}} = 0.02m_{\mathrm{c}} + 0.002m_{\mathrm{w}} - 1.046 \tag{3.3-8}$$

式中：f_{f}——碾压混凝土 28d 抗弯拉强度(MPa)；

m_{c}——单位水泥用量(kg/m^3)；

m_{w}——单位用水量(kg/m^3)。

相关系数 $R^2=0.72$。

除一号高速公路单位用水量、单位水泥用量与 28d 抗弯拉强度相关性较差外，二、三号高速公路都有较好的相关性，而以三条高速公路综合拟合，同样能得到较好的相关性。因此，此关系式可以应用于指导基层碾压混凝土配合比设计，根据设计指标要求，综合考虑碾压混凝土工作性要求，则可确定合适的水泥用量及用水量，做到有的放矢。

3.3.3　干缩、温缩性

1)碾压混凝土温缩性质

碾压混凝土材料的体积变形受温度影响很大。温缩系数越大，温度变化后，材料的体积变形越大。过大的体积变形容易引发碾压混凝土开裂、增大切缝扩展量，对碾压混凝土基层沥青路面的耐久性有不良影响。因此，有必要研究碾压混凝土材料的温缩系数及各因素对其影响。

水泥类材料的温缩系数测定方法有仪表法和应变片法。仪表法以千分表测定试件的总变形，当温度变化时，试件的总变形可以用千分表记录下来。为保证精度，试件放置的基座需要用温缩小的材料(如殷钢)制作。应变片法则是用应变片记录材料在温度变化过程中的变形，应变片需要温度补偿。整体来说，应变片法精度高，但操作复杂；仪表法精度低，操作简单。

碾压混凝土相比钢材等材料，均匀性差，应变片安放位置不同，测定的结果可能差别很大。此外，温缩系数测定需要快速的变化温度，而应变片需要进行温度补偿，对应变片的质量要求较高。因此，选择仪表法测定碾压混凝土的温缩性质。

(1)试验方案

考虑水泥用量、用水量、砂率(级配)、集料种类。以基准配合比为基础，分别变化水泥用量、用水量、砂率、集料类型，各组试件配合比如表 3.3-1 所示，试件如图 3.3-1 所示。

碾压混凝土温缩性质试验配合比　　表 3.3-1

材料规格	10～20mm	5～10mm	0～5mm	河沙	水泥用量(kg/m^3)	用水量(kg/m^3)	编号
材料比例(%)	46	14	13	27	240	122	AZ
	41	14	10	35	240	122	BS1
	45	15	23	17	240	122	BS2
	46	14	13	27	200	122	BC1
	46	14	13	27	280	122	BC2
	46	14	13	27	240	132	BW1
	46	14	13	27	240	112	BW2

(2)试验方法

①试件成型养生 90d 后,在试件端部贴上薄玻璃片(图 3.3-2),用石蜡密闭整个试件,严禁水浸入试件(图 3.3-3),然后用塑料薄膜包裹试件(图 3.3-4),薄玻璃片露出来(图 3.3-5)。

图 3.3-1 碾压混凝土温缩试件

图 3.3-2 碾压混凝土温缩试件贴玻璃片

图 3.3-3 石蜡包裹试件

图 3.3-4 塑料薄膜包裹试件

②收缩仪上涂上润滑油,将试件安放到收缩仪上,安装好千分表,千分表的表头应在贴好的薄玻璃片的中间位置,如图 3.3-6 所示。

③把密闭好的试件放入尺寸符合要求、温度调节范围满足试验要求并可控,且能恒温的控温箱中。

④测试箱预先调温至－10℃,放入试件后恒温 4h,4h 后记录千分表读数,此后每隔 4h 调温一次,每次升温 2℃,当温度达到 0℃时,每 4h 升温 5℃,一直升温至 40℃。

(3)试验结果

图 3.3-5　收缩仪处理

图 3.3-6　测试箱

试验结果如表 3.3-2 和图 3.3-7 所示，试件编号前面部分表示配合比编号，破折号后面数字 1、2、3(表 3.3-2)或字母 A、B、C(图 3.3-7)表示平行试件。

测 试 结 果 汇 总　　　　表 3.3-2

试件编号	左表读数 (0.001mm)	右表读数 (0.001mm)	读数合计 (0.001mm)	温缩系数 (10^{-6}℃$^{-1}$)	温缩系数平均值 (10^{-6}℃$^{-1}$)
AZ-1	33	65	98	3.56	3.52
AZ-2	30	62	92	3.35	
AZ-3	40	60	100	3.64	
BC2-1	47	70	117	4.25	4.34
BC2-2	90	30	120	4.36	
BC2-3	65	56	121	4.40	
BC1-1	80	15.5	95.5	3.47	3.04
BC1-2	46	13	59	2.15	
BC1-3	18	78	96	3.49	
BW1-1	79	55	134	4.87	3.92
BW1-2	89	6	95	3.45	
BW1-3	86	8	94	3.42	
BW2-1	40	20	60	2.18	2.45
BW2-2	41	26	67	2.44	
BW2-3	20	55	75	2.73	
BS2-1	40	43	83	3.02	2.87
BS2-2	50	34	84	3.05	
BS2-3	30	40	70	2.55	
BS1-1	71	41	112	4.07	5.26
BS1-2	117	63	180	6.55	
BS1-3	126	16	142	5.16	

规范给出的要求是试验的级差不超过平均值的30%。经检验，试验数据符合要求。各组试件温缩系数的平均值如图3.3-8所示。

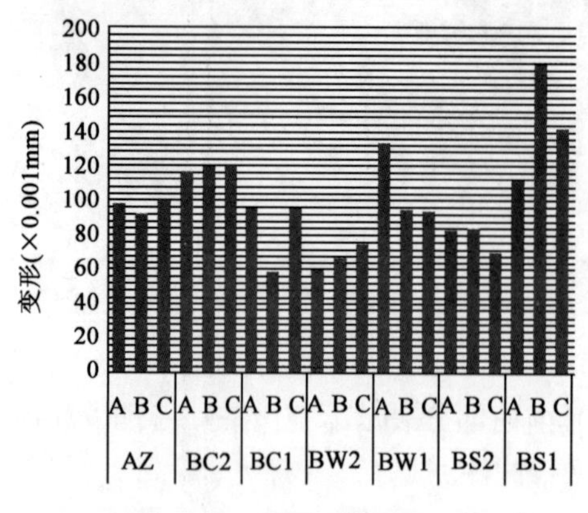

图3.3-7　试件温缩变形

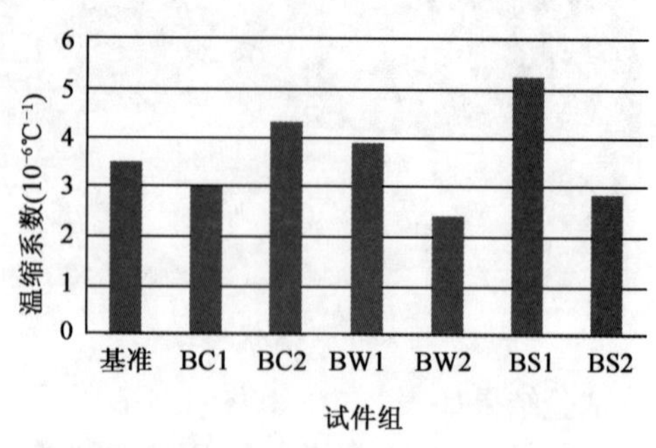

图3.3-8　温缩系数测试结果

图3.3-7中(彩图见封三)，红色部分为右表读数，蓝色部分为左表读数。从图中可以看出基准组(AZ)试件左表、右表读数较接近，其余组试件左表、右表读数差别较大。在特定情况下，材料的温度变形可能具有明显的方向性。

水泥混凝土的温缩系数一般取值为$10\times10^{-6}℃^{-1}$，而图3.3-8表明碾压混凝土温缩系数为$(2\sim6)\times10^{-6}℃^{-1}$，明显小于水泥混凝土的温缩系数，平均值可以取为$4\times10^{-6}℃^{-1}$。

从试验结果可知，随着水泥用量、用水量增大或砂率增大，碾压混凝土的温缩系数均在不断增大。因此，进行基层碾压混凝土配合比时，在满足抗弯拉强度和施工和易性的要求下，尽量选择较小的含水率，控制水泥用量及砂率，以减少基层碾压混凝土的温缩变形。

在2.3.2小节分析材料温缩系数对温度应力影响时已有结论：温缩系数减小$1\times10^{-6}℃^{-1}$，碾压混凝土的临界荷位板底拉应力将减小0.06MPa。因此，当碾压混凝土基层温缩系数取为$4\times10^{-6}℃^{-1}$时，其温度应力将减小0.36MPa，与水泥板相比温度应力减小超过40%。可见，碾压混凝土基层温度应力远小于水泥混凝土路面，通常情况下甚至可以不予考虑。

2)碾压混凝土干缩性质

碾压混凝土除温度变化会产生较大体积变形外，湿度变化也会产生显著的体积变形。为研究碾压混凝土的干缩性质，考虑水泥用量、用水量、砂率(级配)对其的影响。以基准配合比为基础，分别变化水泥用量、用水量、砂率进行干缩试验，材料配合比与温缩试验相同，如表3.3-1所示。

碾压混凝土试件标准养护7d结束后，将饱水后的试件表面水擦干，测定试件长度和重量，并将试件端面黏结玻璃片。然后，将试件置于收缩仪上，并把千分表固定于收缩仪上，千分表顶针与玻璃片紧密接触，记录28d、60d、90d、180d收缩情况，最后测定试件的重量，如图3.3-9所示。

表3.3-3中的试件编号，JZ表示基准组，BC、BS、BW分别表示水泥、砂率、水用量的变化，各试件的累计含水率和长度的变化如表3.3-3所示。

碾压混凝土干缩系数试验结果　　表 3.3-3

试件编号	试件长度(mm)	收缩量(0.001mm)		总变形(0.01mm)	含水率变化(%)	干缩系数(10^{-5})	干缩系数平均(10^{-5})	备 注
		8 月 30 日	11 月 19 日					
BC1-1	551	0	94	94	4	4.26	4.60	低水泥剂量
BC1-2	557	10	120	110	4	4.94		
BC2-1	554	20	129	109	4	4.92	5.12	高水泥剂量
BC2-2	550	15	132	117	4	5.32		
BS1-1	550	8	119	111	4	5.05	5.30	高砂率
BS1-2	550	22	144	122	4	5.55		
BS2-1	555	19	121	102	4	4.59	4.52	低砂率
BS2-2	550	24	122	98	4	4.45		
BW2-1	549	12	121	109	4	4.96	4.96	高用水量
BW2-2	550	5	114	109	4	4.95		
BW1-1	550	6	106	100	4	4.55	4.75	低用水量
BW1-2	550	20	129	109	4	4.95		
JZ-1	550	2	100	98	4	4.45	4.82	基准
JZ-2	549	14	128	114	4	5.19		

BC1-1、BC2-1 试件的变形发展如图 3.3-10 所示。

图 3.3-9　用于干缩试验的碾压混凝土试件

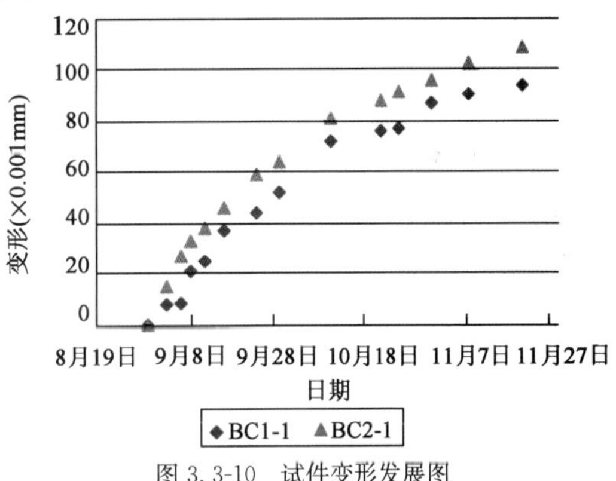

图 3.3-10　试件变形发展图

从图 3.3-10 可以看出，碾压混凝土的干缩变形主要发生在养生初期。此时碾压混凝土强度未完全形成，如果不采取措施维持碾压混凝土的含水率，碾压混凝土基层将开裂。碾压混凝土在养生初期失水后，将在顶面产生较大的拉应力，直接导致碾压混凝土表面开裂。碾压混凝土强度初步形成后，及时切缝可以有效释放应力，避免基层产生不规则横向裂缝。

表 3.3-3 的试验结果表明，随着用水量、水泥用量以及砂率的增大，碾压混凝土的干缩也逐渐增大，其干缩系数约为 5×10^{-5}，即 1m 长的碾压混凝土，当含水率变化 1%时，其长度变化为 5×10^{-5}m，这与水泥稳定碎石类半刚性基层材料的干缩系数基本相当。

3.4 碾压混凝土配合比设计方法

3.4.1 碾压混凝土原材料要求

(1)水泥

①应采用普通硅酸盐水泥或复合硅酸盐水泥,并符合《通用硅酸盐水泥》(GB 175—2007)的技术要求。

②宜使用强度等级 32.5 以上的水泥,其抗压强度、抗折强度、安定性和凝结时间必须检验合格,且初凝时间为 3h 以上和终凝时间为 6h 以上。快硬水泥、早强水泥以及已受潮变质的水泥不得使用。

③散装水泥的出厂温度宜限制在 70℃以内。拌和时,碾压混凝土混合料的温度不得高于 50℃。

(2)碎石

①碎石应由坚硬、耐久的干净砾石或岩石轧制而成。其颗粒形状应具有棱角,接近立方体,有规定级配,不得掺有软质和破碎物质或其他杂质。如果使用轧碎砾石,应有 90%的破碎颗粒。

②碾压混凝土基层公称最大粒径不应超过 31.5mm,对所采用的碎石,应预先筛分成 3~4 个不同粒级,然后配合使用,碎石的规格应符合表 3.4-1 的要求。

碾压混凝土用碎石规格 表 3.4-1

公称粒径(mm)	通过下列筛孔(mm)的质量百分率(%)								
	37.5	31.5	26.5	19	16	13.2	9.5	4.75	2.36
10~30	100	90~100	—	—	—	—	0~15	0~5	—
10~20	—	—	100	90~100	—	—	0~15	0~5	—
5~10	—	—	—	—	—	100	90~100	0~15	0~5

③碾压混凝土用碎石质量应符合表 3.4-2 的规定。

碾压混凝土用碎石质量技术要求 表 3.4-2

项 目	技术要求	项 目	技术要求
坚固性(%)	<12	泥块含量(%)	<0.5
压碎值(%)	<25	含泥量(冲洗法)(%)	<1.0
针片状含量(%)	<18	表观密度(kg/m^3)	>2 500
硫化物及盐酸盐含量(%)	<1.0	有机物含量(比色法)	合格
空隙率(%)	<47	碱集料反应	试件无裂缝、酥裂、胶体外溢,规定龄期膨胀率小于 0.10%

(3)石屑

石屑应坚硬、清洁、无风化、无杂质且具有足够强度。使用采石场轧制碎石中形成的石屑作集料时,过细的颗粒应予以筛除。石屑的质量应符合表 3.4-3 的规定,石屑的规格应符合

表 3.4-4的要求。

石屑质量技术要求　表 3.4-3

项　目	技术要求	项　目	技术要求
砂当量(%)	≥60	0.075mm 筛孔以下颗粒含量(%)	≤18
泥块含量(%)	<2	表观密度(kg/m^3)	>2500

碾压混凝土用石屑规格　表 3.4-4

公称粒径(mm)	通过下列筛孔(mm)的质量百分率(%)							
	9.5	4.75	2.36	1.18	0.6	0.3	0.15	0.075
0～5	100	90～100	60～90	—	20～55	—	—	0～18

(4)河沙

应使用清洁、颗粒坚硬、强度大、耐久性好的天然河沙,不含团块、软质或片状颗粒及其他有害杂质,河沙的质量应符合表 3.4-5 的规定。

河沙质量技术要求　表 3.4-5

项　目	细集料	项　目	细集料
砂当量(%)	≥60	细度模数	>2.0
含泥量(冲洗法)(%)	<3	表观密度(kg/m^3)	>2 500
泥块含量(%)	<2	硫化物及硫酸盐含量(%)	<0.5

(5)水

碾压混凝土拌和用水可采用干净水,不得含有油污、泥和其他有害物质。

3.4.2　混合料级配要求

碾压混凝土的矿料级配组成应符合表 3.4-6 的范围要求,且要求设计的矿料级配曲线光滑、连续。现场使用的标准配合比设计必须采取工程实际使用的材料,确定各档集料的用量比例,配合成符合配合比设计要求的矿料级配,其中河砂的比例宜为 15%～30%。为了保证现场取样的代表性,应自现场料堆不同位置多次抽取集料样品,以其平均值作为代表进行标准配合比设计。

碾压混凝土矿料级配组成范围　表 3.4-6

筛孔尺寸(mm)		31.5	26.5	19	9.5	4.75	2.36	0.6	0.075
通过质量百分率(%)	上限	100	100	95	72	55	42	25	7
	下限	100	90	75	47	30	21	8	0
中值		100	95	85	59.5	42.5	31.5	16.5	3.5

注:集料中 0.5mm 以下的细土有塑性指数时,小于 0.075mm 的颗粒含量不应超过 5%。

3.4.3　设计指标

(1)强度指标

以 28d 抗弯拉强度作为 RCC 试验配合比设计指标,28d 抗弯拉强度不小于 3.0MPa。

(2)工作性

碾压混凝土工作性以改进 VC 值评定,其值宜控制在 30s±5s,出搅拌机口改进 VC 值宜取下限,碾压时的改进 VC 值不应超过上限。

(3)耐久性

为保证基层碾压混凝土的耐久性能,基层碾压混凝土的水泥用量不宜少于 220kg/m³。

3.4.4 配合比设计方法

基层碾压混凝土配合比综合设计法基本过程如下:

①确定设计指标。

②选择适宜的原材料,取样进行原材料物理、质量技术指标试验。

③选择工程设计级配范围。

④根据级配范围及选取的原材料,调配三条级配曲线,分别靠近级配中值线、位于级配中值线上方及位于级配中值线下方。

⑤根据经验选取适宜的单位水泥用量及单位用水量,以集料级配、单位水泥用量、单位用水量为因素,每个因素取三个水平,按 $L_9(3^4)$正交表进行配合比设计,以绝对体积法计算各个配合比每种组分单位体积用量。

⑥以改进 VC 值,28d 强度为考核指标进行室内考核,从中挑选一组各项指标满足设计要求的配合比,即为理论配合比。

基层碾压混凝土配合比设计流程见图 3.4-1。

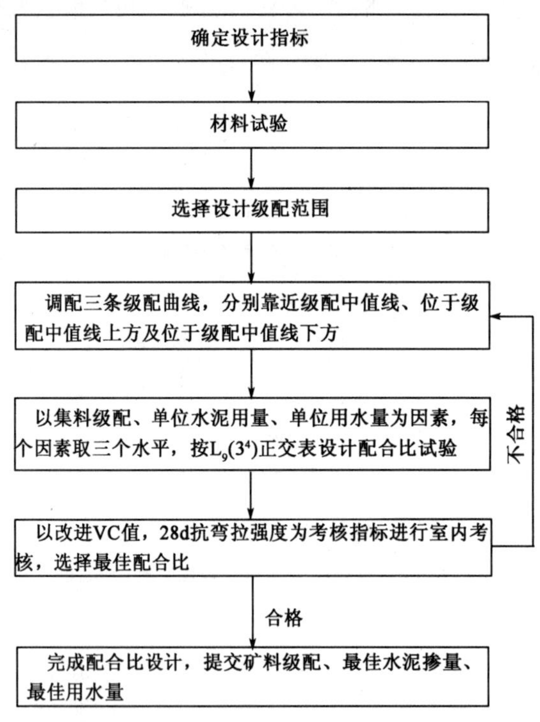

图 3.4-1 基层碾压混凝土配合比设计流程

3.5　碾压混凝土配合比设计应用示例

某高速公路沥青路面采用碾压混凝土基层，其碾压混凝土配合比采用综合设计法进行设计，示例如下。

1)设计指标及原材料

(1)设计指标

以 28d 抗弯拉强度作为设计指标，7d 抗压强度用于施工期间碾压混凝土基层施工质量控制；以改进 VC 值作为碾压混凝土工作性的指标。

28d 抗弯拉强度不小于 3.0MPa，7d 抗压强度不小于 12MPa，碾压混凝土出机口改进 VC 值为 20～30s，碾压时改进 VC 值为 30s±5s。

(2)原材料

水泥采用 P.C32.5 复合硅酸盐水泥，砂采用当地河沙，不掺外加剂，集料由花岗岩轧制而成，有 10～30mm、10～20mm、5～10mm 及 0～5mm 四个规格。

2)配合比设计步骤

(1)根据相关资料确定碾压混凝土的配制强度

考虑到碾压混凝土施工过程中由于施工管理、机械设备以及施工人员操作等因素所引起的施工变异性，导致碾压混凝土强度的变化，为满足碾压混凝土强度参数的设计要求，保证其使用性能，因此碾压混凝土的配制强度应比设计强度有所提高。碾压混凝土 28d 配制强度按式(3.5-1)计算：

$$f_{cc}=\frac{f_r+f_{cy}}{1-1.04c_v}+ts \tag{3.5-1}$$

式中：f_{cc}——碾压混凝土配制 28d 弯拉强度均值(MPa)；

c_v——弯拉强度变异系数，参照各级公路混凝土路面弯拉强度变异系数，考虑 RCC 用作沥青路面刚性基层，取为 0.15；

s——弯拉强度试验样本的标准差(MPa)，根据相关工程经验取 0.2MPa；

t——保证率系数，取为 0.28；

f_r——设计抗弯拉强度；

f_{cy}　碾压混凝土压实安全弯拉强度(MPa)，按式(3.5-2)计算：

$$f_{cy}=\frac{\alpha}{2}(y_{c1}+y_{c2}) \tag{3.5-2}$$

y_{c1}——弯拉强度试验标准压实度(95%)；

y_{c2}——路面芯样压实度下限值(93%)；

α——相应于压实度变化 1%的弯拉强度波动值(通过试验得出)，有资料表明，压实度每提高 1%，弯拉强度增加 0.25MPa，这里取 0.25MPa。

根据上述公式计算结果，碾压混凝土配制强度应达到 3.89MPa。

(2)原材料试验

水泥的各项检测指标见表 3.5-1。

水泥物理性质检测结果 表 3.5-1

检测项目		检测值	设计指标
凝结时间(min)	初凝	269	≥180
	终凝	365	—
3d 强度(MPa)	抗折	3.7	≥2.5
	抗压	16.6	≥10.0
28d 强度(MPa)	抗折	6.4	≥5.5
	抗压	32.8	≥32.5
细度(%)		1.2	≤10
密度(g/cm^3)		3.00	—
标准稠度用水量(%)		28.4	—
安定性		合格	合格

检测结果表明,试验所用水泥质量符合设计要求。

粗细集料、石屑及河砂检测结果见表 3.5-2、表 3.5-3。

粗细集料检测结果 表 3.5-2

检测项目	粗集料				细集料			
	10~30mm	10~20mm	5~10mm	技术要求	0~5mm	技术要求	砂	技术要求
表观密度(kg/m^3)	2.614	2.624	2.629	>2 500	2.588	>2 500	2.610	>2 500
含泥量(%)	0.4	0.6	0.8	<1.0	10.3	≤18	0.8	<3
砂当量(%)	—	—	—	—	74	≥60	—	≥60
吸水率(%)	0.58	0.80	1.01	—	2.54	—	1.16	—
坚固性(%)	2	2	—	<12	—	<10	—	<10
硫化物及硫酸盐含量(%)	0.005	0.005	0.005	<1.0	—	<0.5	—	<0.5
针片状含量(%)	3.1	6.9	6.5	<25				
压碎值(%)	23.7			<25				

检测结果表明,各档集料技术质量指标符合技术要求。

各档集料筛分结果 表 3.5-3

集料类别 \ 筛孔尺寸(mm)	通过下列筛孔的质量百分率(%)							
	31.5	26.5	19	9.5	4.75	2.36	0.6	0.075
10~30mm	99.4	73	5.8	0.2	0.2	0.2	0.2	0.2
10~20mm	100	100	98.4	3.3	0.7	0.6	0.6	0.6
5~10mm	100	100	100	97.1	2.4	1.1	0.8	0.8
0~5mm	100	100	100	100	87.8	59.2	35	11.5
砂	100	100	100	98.2	94.1	74.7	29.7	0.7

注:砂的细度模数为 3.23,为粗砂。

(3)选择工程设计级配范围

根据当地原材料特点，考虑到施工质量技术指标的要求，选择如表 3.5-4 所示工程设计级配范围。

碾压混凝土基层粗细集料合成级配范围　　表 3.5-4

筛孔尺寸(mm)	通过下列筛孔的质量百分率(%)							
	31.5	26.5	19	9.5	4.75	2.36	0.6	0.075
上限	100	100	95	72	55	42	25	7
下限	100	90	75	47	30	21	8	0
中值	100	95	85	59.5	42.5	31.5	16.5	3.5

(4)调配级配曲线

根据级配范围及原材料特点，设计三条级配曲线，各级配曲线各档材料比例见表 3.5-5。

配合比设计各档集料比例　　表 3.5-5

级配编号	各档材料用量(质量百分比,%)				
	10～30mm	10～20mm	5～10mm	0～5mm	河砂
1	10	34	6	28	22
2	18	31	10	21	20
3	20	29	12	19	20

(5)正交试验

根据经验选取适宜的单位水泥用量及单位用水量，以集料级配、单位水泥用量、单位用水量为因素，每个因素取三个水平，按 $L_9(3^4)$正交表安排配合比试验，以绝对体积法计算各个配合比每种组分单位体积用量。

试验用水平因素表和正交试验结果分析见表 3.5-6、表 3.5-7。

水 平 因 素　　表 3.5-6

因素 水平	A	B	C
	级配	单位水泥用量(kg/m³)	单位用水量(kg/m³)
1	1	200	114
2	2	220	118
3	3	240	122

根据正交表每组配合比选定的级配、单位水泥用量及单位用水量，按绝对体积法计算粗、细集料和砂的用量：

$$\frac{W}{\rho_W}+\frac{C}{\rho_C}+\frac{G}{\rho_G}+\frac{S}{\rho_S}=1 \tag{3.5-3}$$

式中：W、C、G、S——水、水泥、集料、砂用量(kg/m³)；

ρ_W、ρ_C、ρ_G、ρ_S——水、水泥、集料、砂的密度(kg/m^3)。

正交试验结果分析　　表 3.5-7

名称	编号	因素				考核指标	
		A	B	C	D(空列)	改进 VC 值(s)	28d 抗弯拉强度(MPa)
直观分析考察指标	1	1号	200	118	1	47	3.10
	2	1号	220	120	2	38	3.33
	3	1号	240	122	3	36	3.41
	4	2号	200	120	3	32	3.39
	5	2号	220	122	1	25	3.56
	6	2号	240	118	2	51	3.74
	7	3号	200	122	2	20	3.20
	8	3号	220	118	3	31	3.88
	9	3号	240	120	1	26	3.90
改进 VC 值	K_1	121	99	129	98	$K_1+K_2+K_3=306$	
	K_2	108	98	96	109		
	K_3	77	113	81	99		
	R	44	19	48	11		
28d 抗弯拉强度	K_1	9.84	9.69	10.72	10.56	$K_1+K_2+K_3=31.51$	
	K_2	10.69	10.77	10.62	10.27		
	K_3	10.98	11.05	10.17	10.68		
	R	1.14	1.36	0.55	0.41		

注:K_1、K_2、K_3 分别为同一水平时各个因素对应的改进 VC 值或 28d 抗弯拉强度的和。

根据试验结果,9 号配合比为最佳配合比,即 3 号级配,水泥用量为 240kg/m^3,用水量为 120kg/m^3,其配制的碾压混凝土改进 VC 值为 26s,28d 抗弯拉强度为 3.90MPa,试样表面评分为 5 份。

(6)配合比报告

最终确定的配合比为 10～30mm 碎石∶10～20mm 碎石∶5～10mm 碎石∶0～5mm 石屑∶砂=20∶29∶12∶19∶20,四档材料用量总和为 2 090kg/m^3,水泥用量 240kg/m^3,用水量 120kg/m^3,合成级配见图 3.5-1。碾压混凝土成型压实度为 95%。配制的碾压混凝土各项指标试验结果见表 3.5-8。

基层碾压混凝土配合比设计试验结果　　表 3.5-8

检测项目	7d 抗弯拉强度(MPa)	7d 抗压强度(MPa)	28d 抗弯拉强度(MPa)	28d 抗压强度(MPa)	改进 VC 值(s)	试样表面评分
设计要求	—	15	3.00	20	20～35	4～5
配制要求	—	—	3.89	25	20～35	4～5
配合比结果	3.34	18.6	3.90	25.5	26	5

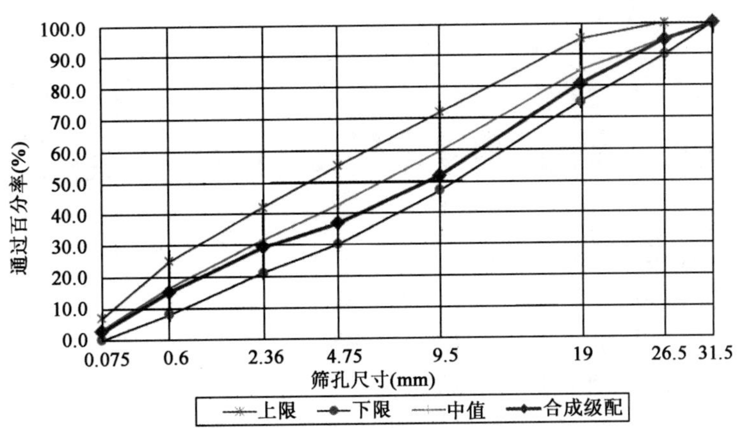

图 3.5-1　基层碾压混凝土合成级配曲线

第 4 章　新式碾压混凝土基层施工工艺

新式碾压混凝土是一种由级配集料、较低的水泥用量和用水量等组成，经水泥稳定类拌和设备拌制而成的超干硬性拌和物，并通过机械压密而形成的一种混凝土。相比于传统的水泥稳定碎石混凝土的水泥用量较大且拌和的时间较长，新式碾压式混凝土具有强度高、干缩率小、耐久性好、施工方便、养生时间短等优点。

碾压混凝土基层的施工工艺包括混凝土配合比的设计、拌制、运输、摊铺、压实、养生、切缝等，其施工工艺流程见图 4.0-1。

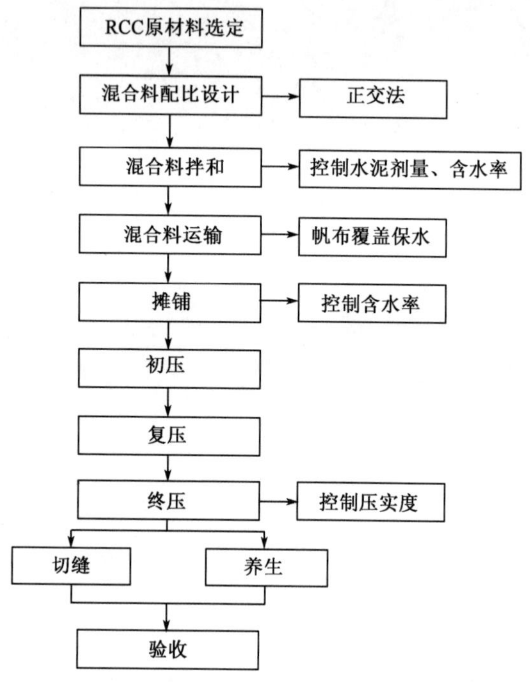

图 4.0-1　碾压混凝土基层施工工艺流程图

4.1　碾压混凝土的拌制与运输

4.1.1　碾压混凝土的拌制

碾压混凝土的拌制是将一定级配的各档集料与水泥和水按比例进行拌和的施工工艺。碾压混凝土的拌制工序及其相应装置如表 4.1-1 所示。

碾压混凝土拌制工序及相应装置　　表 4.1-1

拌 制 工 序	各工序对应的装置
集料供给	集料仓和调速皮带输送
水泥的定量供给	水泥的仓储、螺旋输送机和称量螺旋机定量供给
水的定量供给	由水泵、调节阀门和供水管路定量供给
各种配料的搅拌	连续双卧轴搅拌缸
成品混凝土输送	成品料平皮带和气动成品料仓
操作控制系统	由控制柜、变频柜、操作台和工业控制微机组成

1)碾压混凝土厂拌设备的特点

目前,国内稳定土厂拌设备的控制系统大多带有自动调节补偿和自动报警功能,设备的功能较为完善;搅拌机大部分带有磨衬板的双卧轴强制连续搅拌功能;供水系统可进行手动或电动调节,操作较为方便;配料一般采用电子皮带秤或螺旋秤等称重计量方式,较以前容积式计量方式更为精确。但是,目前稳定土厂拌设备在实际使用过程中还是存在级配不稳定、计量精度较低、混合料拌和均匀性较差且易离析等缺点,况且碾压混凝土混合料不同于传统的水泥稳定碎石基层混合料,它是属于特干硬性的混凝土,混合料的均匀拌和难度较大,因此对碾压混凝土厂拌设备的要求更高。

在传统稳定土厂拌设备的基础上对碾压混凝土的厂拌设备进行改进,具体主要从以下四个方面进行:

①对计量配料系统进行改装,由以前通过调整开口大小及变更螺旋转速控制的体积或流量计量方式,变更为由拖料皮带秤、螺旋秤及给料螺旋控制的重量计量方式,可大大提高计量精度。

②适当加长搅拌缸的长度、增加反向搅拌叶片(图 4.1-1),从而延长搅拌时间。

③采用连续双卧轴搅拌缸(图 4.1-2),以提高搅拌强度。

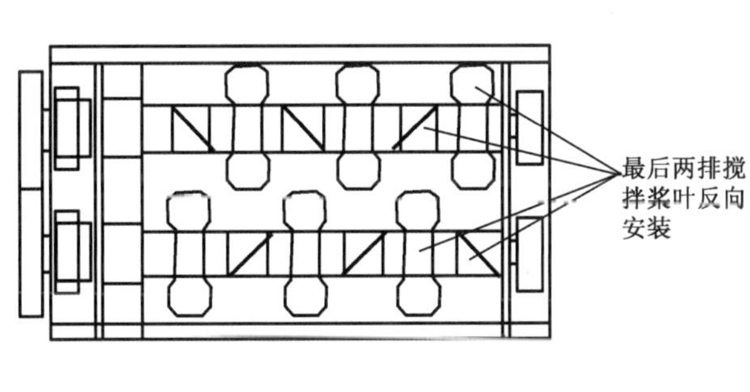

图 4.1-1　改装后的双卧轴搅拌缸示意图

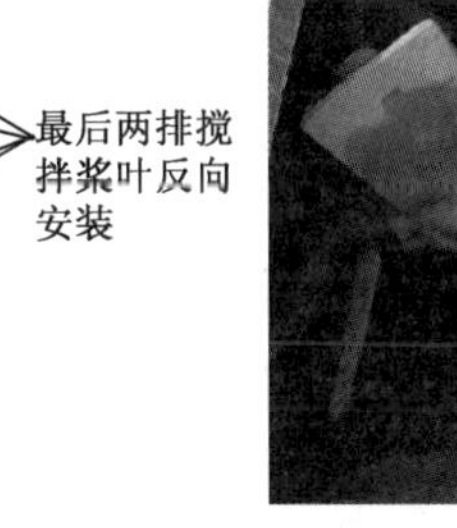

图 4.1-2　改装后的双卧轴搅拌缸实物图

④将供水装置由原来一点供水改造为两点供水,在拌缸的集料入口处进行一次供水,从而使集料有一个预湿过程;之后在水泥下料处进行二次供水,使水泥能均匀分散裹覆在集料表面。

2)碾压混凝土厂拌设备的改进技术

良好的混合料级配是碾压混凝土基层质量的保证,但是在实际生产过程中往往发现混合料的级配不易控制,生产级配背离较大,这是由于物料供给不顺畅,配料不均匀、不连续等原因造成的。一般，通过秤的实际称重偏差来调整秤的电机转速，并不能使物料的供给量得到及时的调整，导致该物料的配比减少，甚至是物料供给完全堵塞的情况下，电机仍然高速运转，而此时没有物料供给，导致较大级配偏差，尤其粉料计量这种情况更为严重。因此，要从根本上提高配料精度，保证级配的稳定性，需从以下几个方面进行改进：

(1)改变集料计量方式

传统的稳定土厂拌设备计量控制模式要保证级配稳定的前提是物料供给量必须是连续、稳定、均匀的，这样才能根据秤的实际称重偏差，通过调整皮带秤电机的转速达到使该物料流量得以及时调整；另一些稳定土厂拌设备直接通过物料仓下部开口的大小来控制集料的流量达到配料的目的。这两种方式的配料不是十分精确，与实际所需的用料量偏差较大，影响混合料的级配。因此，对碾压混凝土配料计量进行改装，由以前通过调整开口大小控制的体积或流量计量方式，变更为由拖料皮带秤、称重传感器、变频器及电机组成的重量计量方式，可大大提高计量精度。

(2)改变水泥计量方式

目前，稳定土厂拌设备所配置的水泥计量系统大多为螺旋连续水泥计量装置，通过变更螺旋转速控制水泥流量达到计重的目的，它要求水泥以比较均匀、恒定的速度通过螺旋，但是稳定土生产过程中水泥的计量是一个系统协调的工程，它不是单一的计量问题，还涉及料仓的结构、水泥仓位的高低、水泥干湿程度等多方面的因素，任何一个环节上出现问题都会直接影响到水泥的计量精度。采用变更螺旋转速控制流量计量方式时，当粉罐底部发生水泥起拱时，尽管称重螺旋已经测出缺料信号并使叶轮给料器加速运转，仍不能保证水泥流量加大，此时的成品料中水泥含量必然会不足。另外，由于称重螺旋过长，自身重量较重，也会影响到水泥的计量精度，叶轮给料器叶片黏料同样会造成水泥计量的偏差。针对以上问题，对碾压混凝土的水泥计量进行改正，由以前通过变更螺旋转速控制的流量计量方式，变更为由称量螺旋、调整螺旋给料机及变频器组成的控制水泥重量计量方式，大大提高了计量精度。

3)碾压混凝土拌和均匀性的改进

稳定土厂拌设备在混合料生产过程中经常会因为稳定土混合料拌和不均匀而导致离析现象较严重，影响稳定土的拌和质量。因此，提高稳定土混合料拌和均匀性，减少离析，成为稳定土厂拌设备要解决的一个重要问题。

碾压混凝土混合料在搅拌缸内被搅动的次数和搅动的时间长短对拌和的均匀性有很大的影响。可以对碾压混凝土拌和楼进行以下改进处理来实现：

①增加混合料在搅拌缸内被搅动的次数可以通过增加搅动叶片的数量、改变叶片的倾角以及增加搅拌轴的转动次数来实现；通过改变叶片角度减少物料在搅拌器内的推移速度，增加搅拌轴转数，增大混合料在拌缸内的翻转次数。

②现行的稳定土拌和楼只设有一个拌缸且长度不够，混合料拌和不均匀，可以通过增加搅拌缸的长度或再增设一个搅拌缸来达到增长搅拌时间的目的。

4)混凝土离析的控制技术

因碾压混凝土属于干硬性混合料，其在生产过程中往往由于拌和不均匀，容易出现离析现象，导致路面过早地出现破坏。可以通过对稳定土厂拌设备的改进可尽量减少混合料离析现象的发生。

①传统的水稳拌和楼是一次性供水、集中拌和，这样混合料容易出现离析。对于拌制碾压混凝土混合料的拌和设备，可将其供水装置由原来一点供水改造为两点供水，在拌缸的集料入口处进行一次供水，从而使集料有一个预湿过程；之后在水泥下料处进行二次供水，使水泥能均匀分散裹覆在集料表面，这样可以有效地使混合料均匀拌和。

②降低皮带的转速，增加皮带的宽度。成品料皮带输送机向成品料仓送料时，如果皮带机的转速过高，会因惯性作用，大的粒料被抛向远处，细小粒料留在近处造成混合料离析。因此，可降低皮带转速、增加皮带宽度来达到减少离析的目的。

5)碾压混凝土拌和生产工艺

碾压混凝土生产对厂拌设备的要求比较高，对其生产工艺较为严格，因此，加强碾压混凝土生产工艺和质量控制是碾压混凝土路面良好质量的保证。

影响碾压混凝土混合料质量的因素较多，其中混合料在生产过程中对各种物料计量精度控制是混合料质量控制的关键。

(1)集料精度控制

改装后的碾压混凝土集料称重系统是由拖料皮带秤、称重传感器、变频器及电机组成的重量计量方式，这种计量方式相比于传统的稳定土厂拌设备的容积式计量方式要精确。

①加强对原材料的质量控制。选用满足规范和级配要求的合格原材料，杜绝使用不合格的原材料。

②开工前，对安装、调试完成的稳定土厂拌设备的集料称进行计量标定工作，且应根据设备使用强度和时间进行定期标定，以保证计量的准确性。

③在控制室的主机上输入各档用料的生产配合比的比例，及时检查混合料的级配情况，遇级配出现较大偏离或波动可进行适当的调整。

(2)水泥剂量控制

碾压混凝土生产的水泥剂量控制由以前通过变更螺旋转速控制的流量计量方式，变更为由称量螺旋、调整螺旋给料机及变频器组成的控制水泥重量计量方式，大大提高了计量精度。

①选用合格的强度等级在 32.5 以上的普通硅酸盐水泥或复合硅酸盐水泥。

②开工前对水泥称量螺旋进行校准和调整，确保计量精度。

(3)含水率控制

碾压混凝土厂拌设备采用靶式流量计电动调节的计量方式，可在控制台远距离地控制调节，即可完成水量的设定和调整。每天拌和楼开机生产时，混合料的用水量可能控制得不是很准确，要进行适当的增加或减少水量的操作，直至水的用量符合设计要求含水率即可。另外，对原材料的自身含水率进行监测，遇原材料含水率偏大要进行适当的调整。

4.1.2　碾压混凝土的运输

新式碾压混凝土基层混合料最佳含水率较低，且比较松散，在装车和运输的过程中须防止水分蒸发。为保证拌和楼的连续生产，便于含水率、水泥剂量的准确稳定控制，应根据拌和楼产量、运距及路况等配备足够数量大吨位的自卸汽车辆运输混合料，装满混合料的料车用帆布严密覆盖后应及时运输至摊铺现场，运输时间一般应控制在 30min 以内，确保运输到现场的混合料具有适宜摊铺的工作性。摊铺现场应配备专职试验员观察检测混合料的到场含水率是否适合摊铺碾压，必要时及时通知到后场调整加水量，以使混合料的工作性满足施工要求。

(1)运输车辆的组织

碾压混凝土生产开工前，施工单位要明确施工条件、摊铺能力、运输线路、运距和所需运输时间，以及施工段所需混合料的数量等。拌和设备时开时停影响碾压混凝土基层的施工质量。因此，车辆数量必须满足拌和设备及设备连续生产的要求。

在生产中所用运输车辆的数量视拌和设备的生产能力、车辆的载重能力及运输时间等因素合理安排，可参考式(4.1-1)计算得出：

$$n = \alpha\left(\frac{t_1 + t_2 + t_3}{T}\right) \tag{4.1-1}$$

式中：n——所需车辆数量；

t_1——重载运程时间(min)；

t_2——空载运程时间(min)；

t_3——工地缺料和等料的总时间(min)；

T——拌制一车混合料所需的时间(min)；

α——储备系数，可视交通情况而定，一般取 1.1～1.2。

(2)碾压混凝土的运输

①碾压混凝土应采用较大吨位的自卸汽车运输，车厢应清扫干净，不得有水积聚在车厢底部。从拌和机向运料车上放料时，应分 3 次挪动汽车位置，以减少粗细集料的离析现象。

②装料完成后，应在碾压混凝土混合料表面覆盖帆布，以避免水分过早蒸发，降低混合料的含水率，影响施工质量。

③运输汽车进入施工现场时，轮胎要冲洗干净，以免污染路面。

④运输车称重后，应尽快将拌成的碾压混凝土运送到铺筑现场，运输时间一般应控制在 30min 以内为宜。卸料时，应注意卸料速度、数量与摊铺的厚度、宽度相适应。

4.2 碾压混凝土的摊铺

4.2.1 摊铺机的选择及调整

新式碾压混凝土是采用连续式水稳拌和楼拌制的一种干硬性混合料，因其水泥用量大，混合料的黏聚性也更大，加上碾压层较厚，因此应选择功率大、工况好、预压实密度高、摊铺厚度大的沥青摊铺机或水稳摊铺机来摊铺。摊铺前应根据摊铺机的使用说明书、摊铺层厚度、预计的摊铺速度调整好摊铺机夯锤的振捣频率及振捣行程、熨平板的振动频率及工作角度等各种工作参数，使其达到最佳工作状态。当需要两台或两台以上的摊铺机并机作业时，宜采用同一品牌及型号的摊铺机，且其各种工作参数应调整到一样，以确保整个摊铺面均匀一致，并具有相同的预压实密度。

4.2.2 摊铺工艺

碾压混凝土混合料摊铺前应检查摊铺熨平板的宽度和高度是否合适，并调整好自动找平装置。摊铺时应根据碾压混凝土施工要求以及施工环境,注意以下几点。

(1)摊铺宽度

对于碾压混凝土的摊铺常见的方法有两种:一种为一台大功率摊铺机全幅摊铺,另一种为两台摊铺机成梯队依次摊铺。全幅一次性摊铺一般采用宽度为 12～15m 的大型摊铺机进行摊铺作业,这种摊铺方式的主要优点是:可以减少摊铺过程中的纵向接缝,使纵向不产生接缝痕迹,成型后的路面外观较好;但这要求拌和生产能力跟得上摊铺的需要,否则容易造成摊铺间断、横向接缝较多及路面平整度下降等问题。两台摊铺机成梯队摊铺作业,其摊铺宽度一般在 6～9m,两台摊铺机前后相距 6～10m 进行同步摊铺,摊铺完成的路面再进行共同碾压成型,这种形式的摊铺有效地减少了碾压混凝土路面离析程度,提高了路面的平整度与压实度,保证了路面基层较高的铺筑质量。

以往,很多人误以为采用一台大功率摊铺机进行一次性全幅摊铺可以提高路面的平整度,保持路面良好的外观形态,但是在实际应用中会产生许多问题。

①全幅摊铺时,摊铺机上的螺旋布料器输送混合料的距离太长,料槽内填充的混合料高度往往达不到料槽高度的 2/3,且越往料槽两端混合料高度越低,混合料离析越严重,会使路面产生严重的级配离析且路面的压实度分布不均匀,有的甚至达不到设计压实度,容易使碾压混凝土基层出现早期破坏。

②一般来讲,摊铺机熨平板的横向长度是一定的,若所摊铺路面的长度大于摊铺机熨平板的横向长度,要进行全幅摊铺,则必须加长摊铺机的横向长度。摊铺机所加长部分只能悬挂在摊铺机上,并没有与摊铺机标准宽度所在部分具有相同的振捣装置,从表面上来看,似乎接长部分与标准宽度部分摊铺出来的路面都很平整,但是因振捣密实程度不一样且摊铺的混合料松散程度也不尽相同,因此,压实后的路面会厚薄不一,有的路面甚至会出现凸凹不平,从而严重影响摊铺混凝土路面的平整度与外观状态。

③一台摊铺机的重量和功率是一定的,且碾压混凝土摊铺的厚度较厚,摊铺宽度越大,振捣力就越小,路面摊铺后的初始压实度就越小,经压路面碾压成型后路面的压实度也就越小,因此,全幅一次性摊铺影响碾压混凝土路面的压实度。

综上所述,摊铺机的合适摊铺宽度应根据摊铺机的额定摊铺宽度及摊铺混合料的厚度而定,对碾压混凝土施工应选用至少两台摊铺机成梯队进行摊铺作业。

(2)松铺系数的确定

碾压混凝土松铺系数为混凝土摊铺厚度与设计路面厚度之比值,最终的松铺系数应根据试验路段的试铺验证来确定。经广东省高速公路碾压混凝土试验路段验证,碾压混凝土路面的松铺系数较普通水泥稳定碎石基层路面的松铺系数大 0.1～0.2,碾压混凝土混合料的松铺系数一般控制在 1.25～1.35。试验路铺筑过程中施工单位应测量每阶段(初压、复压和终压)路面碾压后的高程,直至路面的压实度符合设计要求,最终计算出碾压混凝土路面的松铺系数,作为后续路面施工参考数值。

(3)横向接缝处理

横向接缝通常是由每天施工留下的施工缝或因摊铺中断时间造成的。横向接缝往往也是路面的薄弱环节,若处理不好会引起接缝处跳车或路面的横向裂缝的产生。因此,在施工时必须重视横向接缝的处理。

横向接缝设置的方法为：

①当天碾压混凝土基层施工完毕后，压路机沿端着斜面开到下承层停机过夜，第二天将压路机沿斜面开到前一天施工的基层上，用 3m 直尺纵向放在接缝处，确定出现基层面离开 3m 直尺的点作为接缝位置，沿横向断面垂直挖除坡下部分混合料，清理干净后，摊铺机从接缝处起步摊铺。

②压路机沿接缝横向碾压，由前一天压实层上逐渐推向新铺层，碾压完毕后再纵向正常碾压。

4.3　碾压混凝土的压实

碾压是新式碾压混凝土基层施工必不可少的重要工序之一，是保证碾压混凝土基层质量和功能特性符合设计要求的重要环节。良好的碾压既能使碾压混凝土达到较高的密实度，又使基层具有良好的平整度。

碾压混凝土混合料的密实度越大，其内部空隙越小，混凝土的强度以及抗冲刷性能就越强。此外，因混合料被压实紧密，碾压混凝土混合料内部得到了及时、充分的水化反应，混合料中的粗细集料与水泥结合紧密，其发生干缩与温缩的概率较小，抗收缩能力会大大地增强。若混合料压实不足，混合料内部的空隙较大，路面的透水性较大，抗冲刷能力就会减弱，在多雨的季节就会造成路面的早期破坏。实际工程表明，当混凝土的配合比确定之后，硬化混凝土的强度主要取决于混凝土的密实程度。资料显示，对面层碾压混凝土而言，压实度降低 1%，可造成 0.27MPa 弯拉强度的损失，基层碾压混凝土也应该如此，可见压实的重要性。因此，施工时要使碾压混凝土路面尽可能地达到较高的压实度。

《公路水泥混凝土路面施工技术规范》(JTG F30—2003)建议的面层碾压混凝土的压实机械组合主要为自重 10～12t 的双钢轮振动压路机 1～2 台、15～25t 的轮胎压路机 1 台，此压实机械组合吨位较轻，其更多地考虑了碾压对面层平整度的影响。而水稳厂拌式碾压混凝土基层对平整度的要求相对较低，将压实度标准由面层的 95%提高到 97%，因此宜采用吨位稍大的压实机械组合。

(1)压实机械

碾压混凝土路面所用路面碾压机械与水稳基层路面常用碾压机械大体一致，一般为双钢轮振动压机、单钢轮振动压路机和轮胎压路机。

①双钢轮振动压机。双钢轮振动压机有轻型(2～5t)、中型(5～10t)、重型(10～15t)和特重型(15～20t)。目前，厚层(18～25cm)碾压混凝土路面压实一般选用重型(10～15t)双钢轮振动压机，且质量在 13～14t，主要用于碾压混凝土路面的初压作业。作业方式采用前静后振，使摊铺的碾压混凝土基层获得比较好的初始密实度与平整度，方便后续重型单钢轮振动压路机进行复压作业。

②单钢轮振动压机。单钢轮振动压机是前面有一个振动钢轮，后面有两个橡胶驱动轮。目前，高速公路上用于水稳基层或碾压混凝土基层压实作业的主要为 18～26t 的重型单钢轮振动压机。因单钢轮振动压机重量大、激振力强，较普通的双钢轮振动压路机的压实效果好，主要用于路面的复压作业。

③轮胎压路机，轮胎压路机较振动压路机有几大优点：具有很好的搓揉作用，密水性效果好，碾压效果均匀，还能消除裂缝。因此，轮胎压路机越来越多地被用于水稳基层和碾压混凝土基层的碾压作业，对防止基层的损坏具有较为明显的效果。目前，高速公路施工中普遍使用的是前 5 轮后 6 轮 30t 重的胶轮压路机。胶轮压路机主要利用自身的重量对路面产生静力压实和搓揉作用，使路面达到较高的密实度，消除路面离析区域。胶轮压路机也适合用于接缝处的碾压、消除裂纹以及薄摊铺路机的压实。

(2)压实机械的选择与组合

新式碾压混凝土基层的压实主要根据碾压层的厚度、混合料特性以及工程质量要求等因素来综合考虑选择压实机械与合理的压实机械组合方式。

碾压混凝土属于特干硬性的混凝土，混合料中的颗粒粒径较大、水泥用量高、含水率较小，混凝土的坍落度基本为零，一般摊铺厚度较大，因此这种类型的混合料比较难压实。必须采用吨位较大、振动强度较高的压实机械与合理碾压组合方式才能达到要求的压实效果。碾压混凝土基层压路机组合选择原则为：

①碾压混凝土混合料属于干硬性混凝土，静力或轻型压路机比较难压实，因此须采用振动压路机才可能获得良好的压实效果。初压采用双钢轮振动压路机，使混合料表面稳定成型，获得初始密实度并为复压创造条件；复压采用重型单钢轮振动压路机，使基层获得较大的压实度；最后使用双钢轮振动压路机进行收光、消除碾压痕迹等终压作业。

②轮胎压路机具有很好的搓揉作用，比刚性碾压能达到更大的密实度，碾压均匀，还能消除裂缝，但是轮胎压路机因重量较大易导致路面出现轮隙间突起，特别是当含水率稍大时，胶轮压路机的轮迹较深。因此，对于轮胎压路机在施工时应根据施工水平和质量要求酌情使用。

③碾压混凝土施工时，应根据混合料的摊铺厚度合理选择压路机的吨位和振动频率。双钢轮振动压路机应选择 13～15t，单钢轮振动压路机应选择 18～26t，轮胎压路机应选择 26～30t。压路机的振动频率不宜过大，以免将碎石压裂，影响混合料的级配。

(3)合理碾压工艺

为探讨新式碾压混凝土基层的合理压实机械组合及碾压工艺，课题组于 2009 年 12 月 3 日在云梧高速公路碾压混凝土基层试验路施工中，分别采用了 5 种不同的碾压机械组合及碾压工艺进行碾压，具体方案见表 4.3-1。

碾压混凝土基层试验段碾压方案　　表 4.3 1

段落桩号	工序	压实机械组合	碾压工艺顺序及遍数	碾压速度(km/h)
K122＋056～K121＋980(第一段)	初压	2 台 13.2tBW203 AD-4 双钢轮压路机＋1 台 24t 徐工 XP-261 轮胎压路机	BW 203 AD-4 静压 1 遍	1.5～2.5
	复压		BW 203 AD-4 小振 1 遍、大振 2 遍、小振 1 遍	2～3
	终压		XP-261 碾压 2 遍、BW 203 AD-4 静压 1 遍	3～4
K121＋980～K121＋940(第二段)	初压	1 台 13.2tBW 203 AD-4 双钢轮压路机＋1 台 18.6t Dynapac CA602D 单钢轮振路机＋1 台 24t 徐工 XP-261 轮胎压路机	BW 203 AD-4 静压 1 遍	1.5～2.5
	复压		BW 203 AD-4 大振 1 遍、Dynapac CA602D 小振 2 遍、BW 203 AD-4 小振 1 遍	2～3
	终压		XP-261 碾压 2 遍、BW 203 AD-4 静压 1 遍	3～4

续上表

段落桩号	工序	压实机械组合	碾压工艺顺序及遍数	碾压速度(km/h)
K121+940～K121+900(第三段)	初压	2台13.2tBW 203 AD-4双钢轮压路机+1台24t徐工XP-261轮胎压路机	BW 203 AD-4静压1遍	1.5～2.5
	复压		BW 203 AD-4小振1遍、大振3遍、小振1遍	2～3
	终压		XP-261碾压1遍	3～4
K121+900～K121+860(第四段)	初压	2台13.2tBW 203 AD-4双钢轮压路机+1台18.6t Dynapac CA602D单钢轮压路机	BW 203 AD-4静压1遍	1.5～2.5
	复压		BW 203 AD-4小振1遍、大振2遍、Dynapac CA602D小振2遍、BW 203 AD-4小振1遍	2～3
	终压		BW 203 AD-4静压1遍	3～4
K121+860～K121+600(第五段)	初压	2台13.2tBW 203 AD-4双钢轮压路机+1台18.6t Dynapac CA602D单钢轮压路机	BW 203 AD-4静压1遍	1.5～2.5
	复压		BW 203 AD-4小振1遍、Dynapac CA602D小振3遍、BW 203 AD-4小振1遍	2～3
	终压		BW 203 AD-4静压1遍	3～4

碾压混凝土基层碾压完成后，随即进行了压实度的检测。压实度采用灌砂法进行测试，压实度代表值要求97%以上，极值要求94%以上。五种不同碾压工艺路段的(K121+600～K122+056广州方向)压实度检测结果如表4.3-2所示。

不同碾压工艺路段压实度检测结果 表4.3-2

里程桩号	K122+045	K121+960	K121+960	K121+920	K121+850	K121+850	K121+700	K121+620
碾压段	第一段	第二段		第三段	第四～五段		第五段	第五段
测试位置	左10m(路肩)	左10m(路肩)	左2m(超车道)	左3m(超车道)	左10m(路肩)	左2m(超车道)	(超车道)	(超车道)
理论密度(g/cm³)	2.452	2.452	2.452	2.452	2.452	2.452	2.463	2.463
湿密度(g/cm³)	2.360	2.450	2.440	2.328	2.377	2.407	2.421	2.394
压实度(%)	96.2	99.9	99.5	94.9	96.9	98.2	98.3	97.2

从整体碾压效果来看，第一施工段和第三施工段的压实效果较差，其他施工段采用了18.6t Dynapac单钢轮振路机参与复压，碾压效果明显。究其原因主要是基层结构较厚，13.2t BW 203 AD-4的最大振幅仅为0.7mm，其振动碾压影响深度不够深，难以保证最底部的混合料碾压密实，但其振动频率较大，对上部的混合料碾压均匀致密很有效；而Dynapac单钢轮振动压路机自重较大、最小振幅都能达到1.1mm，其振动碾压影响深度足够确保最底部的混合料碾压密实，但对最表层的混合料有振松的现象。第二施工段不但采用了18.6t Dynapac单钢轮压路机，而且采用了24t徐工XP-261轮胎压路机，胶轮压路机能够起闭合表面微裂纹的作用，碾压效果极好，但轮胎压路机易导致路面出现轮隙间突起，特别是当含水率稍大时，胶轮压路机的轮迹较深。第四、五段均采用了13.2t双钢轮初压、18.6t Dynapac单钢轮压路机参与复压的碾压工艺，压实效果较好，满足压实97%要求，且可以实现压实度在98%以上。其

实，第四、五段碾压机械组合是一致的，只是第五段增加了 Dynapac 单钢轮压路机复压遍数，导致第五段的压实度高于第四段。可见，提高 Dynapac 单钢轮压路机复压遍数，能够明显增强碾压混凝土基层的压实效果。

综合试验路的碾压工艺研究结果，最后可确定新式碾压混凝土基层压实机械最佳组合为 2 台 13t 以上的双钢轮振动动压路机、1 台 18t 以上的单钢轮振动压路机。推荐的新式碾压混凝土碾压工艺为：初压采用双钢轮压路机静压 1 遍（1.5～2km/h）即可，以使混合料表面稳定成型，为复压创造条件；复压采用大吨位单钢轮（18t 以上）振动压路机小振 2～3 遍（2～3km/h）、双钢轮压路机再小振 2 遍（2～3km/h），目的是先使最底部的混合料碾压密实，后将表层混合料碾压致密；终压采用双钢轮压路机光面 2～3 遍（4～5km/h），目的是消除轮迹及复压时产生的表面微裂纹。每一碾压作业段的初压、复压及终压应紧密衔接、互相配合、一气呵成，中间不能有停顿、等候和拖延，全部碾压作业应在水泥初凝时间之前完成。碾压时应遵循“先轻后重再轻、先慢后快、先低后高”的原则，压路机起步、转向应缓慢平稳，停止应减速停振，严禁急转、急停及掉头。碾压过程中，如局部出现晒干和风干迹象，应及时喷洒水雾处理。

对碾压混凝土基层推荐合理碾压工艺如表 4.3-3 所示。

碾压混凝土路面推荐合理碾压工艺　　表 4.3-3

<table>
<tr><th>碾压组合</th><th>碾压流程</th><th>压　路　机</th><th>碾压遍数（遍）</th><th>数量（台）</th><th>自重（t）</th><th>行走速度（km/h）</th></tr>
<tr><td rowspan="4">组合方式（一）</td><td>初压</td><td>双钢轮振动压路机</td><td>1</td><td>1</td><td>13～15</td><td>1.5～2.0</td></tr>
<tr><td rowspan="2">复压</td><td>单钢轮振动压路机</td><td>2～3</td><td>2</td><td>18～26</td><td>2.0～3.0</td></tr>
<tr><td>双钢轮振动压路机</td><td>2～4</td><td>2</td><td>13～15</td><td>2.0～3.0</td></tr>
<tr><td>终压</td><td>双钢轮振动压路机</td><td>2～3</td><td>1</td><td>13～15</td><td>3.0～4.0</td></tr>
<tr><td rowspan="3">组合方式（二）</td><td>初压</td><td>双钢轮振动压路机</td><td>1</td><td>1</td><td>13～15</td><td>1.5～2.0</td></tr>
<tr><td>复压</td><td>单钢轮振动压路机</td><td>6～8</td><td>2</td><td>18～26</td><td>2.0～3.0</td></tr>
<tr><td>终压</td><td>双钢轮振动压路机
或轮胎压路机</td><td>2</td><td>1</td><td>13～15 或 26</td><td>3.0～4.0</td></tr>
</table>

（4）碾压作业段长度

碾压作业段长度应根据运输距离、路况、天气情况、压路机的数量、水泥的初凝时间等诸多因素综合考虑，一方面应减少混凝土从拌和、运输、摊铺至碾压成型的延迟时间，降低强度损失；另一方面宜适当增加碾压作业段长度，以减少压路机的频繁调头换向，提高平整度。一般控制在 30～50m 较合适。

（5）提高压实质量关键技术

压实是新式混凝土基层施工的关键工序，因此，如何有效地提高碾压混凝土路基层压实度是保证路面施工质量的一个重要问题。

①混合料含水率。

碾压混凝土基层的压实质量与混合料含水率的大小有相当直接、密切的关系，混合料的含水率变化较大或者说偏离最佳含水率较大，容易造成压实度不稳定或出现压实度不足或出现压实度“超百”的现象且路面离析现象比较明显：若混合料含水率偏小，路表面容易出现微裂纹及“脱皮”现象，路面难以达到设计的压实度；此外，含水率偏小，混合料内部水化反应较慢，影响路面强度的形成。若混合料含水率过大，路面经过碾压以后混合料内部容易产生"液化"现象，路面也是难以压实，产生"弹簧"现象，路平整度很差，同时会产生干缩裂缝，进而影响碾压混凝土基层的强度。因此，在施工过程中应严格控制混合料的含水率，使之保持在比最佳含水率大 0.5%～1.0%的范围内为宜。

②混合料的均匀性。

均匀性是碾压混凝土混合料质量保证的另一个关键因素。施工中往往由于原材料级配发生较大变异或者在混合料拌和、运输和摊铺过程中操作不当，容易引起混合料离析，从而引发混合料的不均匀现象。碾压混凝土基层的不均匀会导致基层的空隙增大，影响基层的强度、抗冲刷性能以及收缩性能，导致路面出现早期破坏。

要保证碾压混凝土混合料良好的均匀性，首先应该加强原材料质量的控制。规范石料的来源，采用同一个石场的优质石料进行集料加工，且集料加工生产线上合理配置筛网，使加工出来的集料规格统一，各档集料的级配基本保持稳定；其次，对生产后场的集料进行规范管理。后场材料堆放场地应进行适度地硬化处理，不同材料之间设置隔离挡墙，使不同类型、不同规格的集料相互分开。因雨水对集料的含水率影响很大，尤其是细集料，干燥状态和潮湿状态时进行生产的混合料差异较大，直接影响混合料性能，因此对集料必须设置防雨棚，防止集料含水率过大。再次，对混合料在拌和、运输和摊铺过程中加强管理与控制，尽可能地防止混合料产生不均匀现象。对碾压混凝土混合料采用加长的双卧轴连续式强制搅拌机进行混合料拌和，并适当地延长混合料在缸内的搅拌时间，以使混合料得到充分拌和，使之均匀。

③合理的碾压速度与遍数。

合理的碾压速度对提高碾压作业的效率有十分重要的意义，在施工中保持适当的恒定碾压速度是十分必要的。一般地，对于碾压混凝土压基层的碾压速度控制在 1.5～2.5km/h，碾压效果比较理想。若碾压速度过低，会使摊铺与压实工序衔接不好，难以在有效时间内完成规定的碾压工作，有时甚至需要增加碾压次数才能提高路面的压实度。若碾压速度过快，碾压混凝土混合料难以在规定的碾压次数内压实，碾压后的基层会产生脱皮、横向裂纹等病害，也不利于混合料的压实。因此，碾压混凝土基层大规模连续施工前必须通过试验路的铺筑来确定合理的碾压速度。

具体的碾压遍数在开工前难以确定，一般要在明确了压路机的重量、碾压速度、振幅与振频以及碾压混凝土混合料的有效压实时间等影响因素后，通过试验路的铺筑才能最后确定下来。通常，碾压混凝土的初压采用 1 台双钢轮压路机静压 1 遍，使路面形成初始压实度，以方便后续压路机进行振动碾压作业。碾压时将压路机的驱动轮面向摊铺机，从外向内、由低至高进行碾压，在坡道上碾压时驱动轮应从低向高碾压；复压可采用单钢轮与双钢轮压路机组合方式碾压，也可以直接采用单钢轮振动压路机碾压，碾压次数应由试验段验证确定；终压可采用双钢轮压路机或轮胎压路机，碾压遍数一般以 2～3 遍为宜。

④合理的振频与振幅。

碾压混凝土基层在施工过程中，为了获得最佳的碾压效果，在复压时压路机有必要选择合理的振频与振幅。

振频主要影响碾压混凝土基层的表面压实质量。在压实层厚度和碾压速度确定后要选择合理的压路机振频，使得冲击间距比压实层厚度小一些，避免表面发生短波纹。

振幅主要影响碾压混凝土基层的压实深度。对于厚度较大的碾压混凝土层应选用较高的振幅，以产生较大的激振力，以达到设计压实度的目的。

碾压混凝土基层最终压路机振频与振幅的确定应根据施工经验并结合碾压混凝土基层的自身结构特点，通过试验段来确定，从而达到比较理想的压实效果。

4.4　碾压混凝土基层的养生与切缝

养生是水泥混凝土强度形成的必要工序，尤其是超干硬性的碾压混凝土，由于本身水分少，如果不能及时很好地进行养生，将会造成水分损失，严重影响碾压混凝土的强度发展。因此，在养生期间补充水分，是保证水泥水化作用充分的重要措施。

4.4.1　碾压混凝土基层的养生

碾压混凝土成型之后应立进行养生，养生期为 7d。养生采用先洒水一遍、再覆盖土工布＋塑料薄膜的方式进行，为保证碾压混凝土有充足的水分水化，要特别重视前 3d 的养生效果，每天定时向薄膜内补灌水分；养生过程中，碾压混凝土基层要始终保持潮湿状态。薄膜应有一定厚度和宽度，两幅间应相互搭接 20cm 以上。覆盖薄膜后应以砂或绳网等重物压边，不得采用基层废料、土颗粒等污染性材料压边。相比普通混凝土，碾压混凝土强度发展快，正常气候条件下，一般潮湿养护 5d 即可，当气温较低或采用复合水泥时，因其强度发展相对较慢，潮湿养护时间不得少于 7d。养生期间应完全封闭交通，禁止一切车辆通行。

4.4.2　切缝、清缝、灌缝及接缝处理

切缝、清缝与灌缝等工作是碾压混凝土基层施工中重要的一个环节，合理的切缝时机、切缝间距以及切缝深度可以防止碾压混凝土基层因混凝土的干缩与温缩而产生裂缝，对于保证碾压混凝土基层沥青路面的质量具有重要意义。因此，碾压混凝土施工完毕后，必须重视路面切缝、清缝、灌缝以及接缝处理等工作，以避免出现过多的裂缝，保证碾压混凝土基层的良好施工质量。

(1)切缝时间、宽度、深度及合理间距

碾压混凝土基层施工完毕后，在不产生崩边的情况下应尽早切缝，切缝时间一般应控制在开始养生后的 24～72h，可以有效地避免因收缩而产生大量的裂缝。具体切缝时间可参照表 4.4-1的规定进行。

根据施工气温所推荐的切缝时间　　表 4.4-1

平均气温(℃)	昼夜温差*(℃)	切缝时间(h)
5～15	<10	48～72
15～25	<10	36～60
25～35	<10	24～48
>35	<10	24～36
5～15	>10	48～60
15～25	>10	36～60

续上表

平均气温(℃)	昼夜温差*(℃)	切缝时间(h)
25～35	>10	24～48
>35	>10	12～36

注:*注意降雨后刮风引起路面温度骤降,面板温差在表中规定范围内,应在不产生崩边的情况提早切缝。

切缝采取硬切缝的方式,切缝深度不宜少于1/4板厚,最浅不宜小于60mm,切缝宽度应为3～5mm,横向切缝间距可设置在8～12m。

根据课题组在云梧高速公路和云罗高速公路RCC路面切缝间距的试验研究经验,切缝间距在8～12m的范围比较适宜,以10m的间距进行RCC路面切缝为最佳切缝间距,其裂缝产生的概率比较小。

(2)清缝和灌缝

切缝完成后,因缝内残留有水泥浆及其他细小的碎石颗粒,必须进行清缝工作。施工单位应在切缝工作完成后立即进行清缝工作,清缝用2mm直径的细铁丝配合森林灭火吹风机进行清缝。

在缝干净、干燥后采用A级70号热沥青进行灌缝;胀缝灌缝前先嵌入20mm厚的胀缝板,胀缝板顶部预留20mm采用A级70号热沥青灌缝至混凝土板顶面。

4.5 碾压混凝土基层防反射裂缝技术

4.5.1 设置的必要性

由于碾压混凝土路面接缝与裂缝的存在,在温度变化和交通荷载的作用下,沥青面层在接缝与裂缝附近不可避免地产生应力集中,当该温度变化和交通荷载综合作用下的结构应力超过沥青混凝土的强度时就会萌生裂纹,随着温度变化和交通荷载的重复作用,裂纹扩展贯通至加铺层顶面或底面,形成所谓的反射裂缝。

反射裂缝出现初期对路面的使用性能影响不大,但很影响路面的美观。而且随着雨水或雪水渗入到接缝或裂缝两侧的路面结构层中,使得接缝或裂缝附近的土基含水率加大,甚至饱和,造成路面结构的承载能力明显降低,在大量行车荷载反复作用下,导致接缝或裂缝两侧路面面层的碎裂,出现较大的垂直相对位移并导致路面出现松散、坑洞、唧浆和推移等病害,严重影响到路面的使用性能,加速路面的破坏,缩短路面结构的使用寿命。因此,反射裂缝是碾压混凝土基层路面出现的主要病害,因此需要采取必要的防止反射裂缝的措施。

4.5.2 防裂层

目前采取的防止反射裂缝技术主要有:设置应力吸收层、土工布、格栅、聚酯玻纤布等。

(1)应力吸收夹层

用于防反射裂缝的应力吸收层主要有橡胶沥青碎石封层和改性沥青砂胶应力吸收层两种。

①橡胶沥青碎石封层于20世纪60年代中期开始使用,也被称为应力吸收层(SAM)和应

力吸收中间层(SAMI)。橡胶沥青碎石封层以其优良的使用性能,被美国、南非及澳大利亚等国家广泛用于道路表面性能恢复、应力吸收层、路面及桥面防水等工程。橡胶沥青应力吸收层是一种高弹性低劲度的软夹层,厚度为 10～50mm,模量为 10～100MPa。其作用为降低刚性基层与沥青混凝土层之间的黏附阻力,使二者易于蠕动、滑移,从而减少温度下降引起的反射裂缝。同时,由于隔开了接缝端部,它可以降低沥青层底面的荷载能力。目前,橡胶沥青碎石封层作为应力吸收层、防水黏结层,广泛用于沥青路面新建与改建、沥青混凝土桥面铺装、水泥混凝土路面沥青加铺等工程。与其他碎石封层相比,橡胶沥青碎石封层具有防水性能好、抗反射裂缝能力强、耐久性好等优点。

②改性沥青砂胶应力吸收层具有良好的弹性和抗疲劳性能,使裂缝引起的水平位移在较宽范围内分散,降低面层内部尖端应力强度因子的幅值,使裂缝不会很快失稳而扩展,从而延缓裂缝反射至面层的速度。改性沥青砂胶应力吸收层中吸收应力起主导作用的是沥青与细集料形成的沥青胶砂。因此,要求沥青结合料具有较高的软化点、优良的弹性恢复性能和低温延性,与矿料黏附性好。用于应力吸收层的矿料的公称粒径均在 5mm 以下,并且主要集中在 0.3mm、0.6mm 和 1.18mm,矿粉及沥青用量(约为 9%)大,沥青与矿料黏附性好。从矿料组成来看,属于悬浮—密实结构。因此,在混合料中沥青与细集料形成的沥青胶砂约占 70%,集料相对较少。砂胶应力吸收层混合料在材料组成、级配特性上不同于一般沥青混合料调平层、稀浆封层和沥青砂砾石,在国内还没有成熟的设计方法。对于其体积参数及控制指标,现行沥青混合料设计规范中也没有明确规定,其配合比设计方法目前还处于摸索阶段。

(2)土工布

土工布又称土工织物,是由合成纤维通过针刺或编织而成的透水性土工合成材料。成品为布状,一般宽度为 4～6m,长度为 50～100m。土工布分为有纺土工布和无纺土工布。

无纺土工布是由长丝或短纤维经过不同的设备和工艺铺排成网状,经过针刺等工艺让不同的纤维相互交织在一起,相互缠结固着使织物规格化,让织物柔软、丰满、厚实、硬挺,以达到不同的厚度满足使用要求。无纺织物厚度为 0.4～4mm,模量为 10～160MPa,临界应力 5～20MPa,临界应变 40%～140%。织物的厚度较薄些,为 0.4～0.7mm,模量则高些,为 400～1 500MPa,临界应力和应变相应为 40～140MPa 和 8%～150%。无纺织物夹层的主要作用与橡胶沥青应力吸附夹层相似。而织物由于模量稍高,可对加铺层起少量加筋作用。

(3)格栅

格栅包括聚丙烯或聚酯土工格栅、玻纤格栅和金属格栅。

土工格栅的厚度为 0.8～11mm,模量为 900a～2 500MPa,临界应力和应变与织物相近。金属格栅的厚度为 2～4mm,其模量可达到 8 000～10 000MPa。玻纤格栅属于土工格栅的一种,玻璃纤维的主要成分是硅酸盐,是一种理化性能极其稳定的材料。经表面改性并涂覆处理后,改变了玻璃纤维的表面性能,提高了其同沥青混合料的相容性。玻纤格栅是以玻璃纤维为原料,采用一定的编织工艺制成的网状结构。

(4)聚酯玻纤布

聚酯玻纤布是一种新型的路用土工材料,属于经编复合土工布,是玻璃纤维筋带和聚酯纤维布的复合体,具有玻璃纤维的强度及聚酯纤维的柔韧性,其与沥青混合料层复合后会提高沥青混合料的抗弯拉强度和抵抗变形的能力,明显提高其抗疲劳性能,减少、延缓或消除反射裂缝；热沥青黏层油均匀地渗透聚酯玻璃纤维布后形成防水层，即使面层出现裂缝，也能有效防止水的下渗，保证基层材料免于水损坏。与玻璃纤维格栅相似，聚酯玻纤布具有高抗拉强度、低延伸性、没有长期蠕变、化学稳定性好等优点。

由于各种夹层具有不同的刚度，在减少反射裂缝方面所起作用也不同。软夹层在减少温度引起的反射裂缝中可起到重要作用，但在降低荷载应力方面作用不大，甚至可能有不良影响，而刚(劲)度与沥青加铺层材料相近的硬夹层，则对降低荷载产生的反射裂缝最为有效，但在减少温度引起的反射裂缝方面不如软夹层有效。因而，在选择夹层类型时，应对诱发反射裂缝的主要原因以及不同夹层减缓反射裂缝的效果进行具体分析。

课题组在云梧高速公路铺筑了碾压混凝土试验路，分别采用不同的防反射裂缝的措施对路面切缝和裂缝进行处理。试验结果(具体见本书 6.3.1 节内容)表明：铺设土工布防止反射裂缝的效果明显好于其他措施，其中采用 2m 宽土工布作为防止反射裂缝措施的效果最好。玻璃格栅处理初期效果较好，但耐久性不足，而聚酯玻纤布处理效果表现一般。

4.5.3 防反射裂缝技术施工要求

1)浸渍沥青土工布

采用机械或人工喷洒一层改性沥青，再摊铺一层长丝无纺土工布，即“一油一布”。为加强土工布中沥青的浸透，也可采用“两油一布”，即先洒一层沥青，摊铺土工布，再洒一层沥青，沥青用量根据土工织物单位面积重量确定。为方便施工，表面需再撒少量米石，结构层厚度一般小于 3mm。土工布宽度按不同方案设计。土工布长度不够时，重叠搭接 20cm。

2)玻纤土工格栅

(1)铺设前的准备工作

在玻纤格栅铺设前 24h 起，进行路面清理，并进行交通管制。玻璃纤维土工格栅加筋 RCC 路面。

(2)玻纤土工格栅铺设及控制要点

①喷撒黏层油，喷撒宽度比玻纤土工格栅宽出 2.5cm。黏层油的用量与原路面的状况有关，应该满足现行沥青路面施工技术规范。

②撒布完黏层沥青后，先用钢钉垫铁皮横向固定玻纤土工格栅的起始端，钢钉间距 50cm，然后纵向铺设、拉紧，并每隔 5m 再做横向固定。

③固定时钢钉不能钉于玻纤上，也不能用锤子直接敲击玻纤。固定后如发现钢钉断裂或铁皮松动，需重新固定。玻纤土工格栅铺设固定完毕，用胶轮压路机碾压一遍，使格栅与原路之间通过黏层沥青黏结牢固。

④严格控制车辆出入，在格栅层上禁止车辆急转向、紧急制动和倾泻混合料脚料，以防止损坏玻纤格栅。

⑤玻纤土工格栅铺设过程中，若发现路面与格栅之间存有间隙，要把对应的这部分格栅剪开并局部增加固定钢钉。

⑥玻纤土工格栅是用玻璃纤维制作的，对人体皮肤易产生刺激作用，施工人员须戴防护手套。

⑦撒布黏层沥青、铺设格栅、摊铺面层沥青混合料这三道工序应连续进行，中间不能有太

长的时间间隔，以防止路面污染等因素影响各层之间的紧密黏结。若已经铺设好的格栅受污染严重，应再涂刷一遍沥青。

⑧注意事项：避免折叠弯折；搭接长度宽 15cm，搭接部分喷洒 0.5kg/m²；如遇雨天路面潮湿会影响涂层的黏结度，应晒干补油后方可使用；铺设时注意烧毛面向上；如果施工车辆的轮胎黏着布上的沥青，则可以使用小量中细砂洒于轮胎前，以免土工布卷起。

3）聚酯玻纤布

聚酯玻纤布施工工序为：表面清扫处理→测量画线→喷洒热沥青黏层油→铺装聚酯土工布→交通管制。

（1）清扫处理路面

施工前将路面基层上尘土、松散颗粒及杂物等清扫干净。喷洒黏层油前确保新、老路面基层表面保持干燥、清洁。

（2）测量划线

铺设的聚酯玻纤布以切缝为中心，两侧定好基准线，按玻纤布宽度用粉笔划线作为摊铺施工控制的边缘线，以防止支架偏位。

（3）喷洒热沥青黏层油

在路面画线范围内用沥青洒布车洒布热沥青黏层油，喷洒黏层油的横向范围要比聚酯玻纤布宽 5～10cm。洒布热沥青黏层油时，施工温度应在 5℃以上，热沥青最佳温度应保持在 165～180℃；风速太大时，影响施工质量，应尽可能减少施工。洒布热沥青黏层油时要喷洒均匀，计量准确，其用量为 0.8～1.0kg/m²，并视沥青产品规格和路面情况而定，以达到良好的黏结效果。

（4）聚酯玻纤布的铺装

铺设聚酯玻纤布时最好先给予一定预拉力，使面层承受顶压力，从而可降低其在荷载下的拉应力。要求平整无皱折，并及时铺设（在喷洒沥青高温状态下）。

铺设可采用人工铺设或机械铺设，接口处应相互搭接 15cm 左右；有可能的情况下可以在聚酯玻纤布上洒布一层细的石屑，可对玻纤布形成保护层。

4.5.4　防反射裂缝措施施工注意事项

防反射裂缝措施施工过程中要注意的问题：

①道路纵向平整度，横向路拱的坡度与平顺性应符合设计标准，若达不到标准，应在加铺前做处理。

②道路结构层表面有局部松散、坑洞及扩散型裂缝时，应事先修补、填塞，以保持表面状况良好。

③结构层表面应冲洗干净，在铺设前必须将路面上可能影响格栅与底层结合强度的物质（如尘土、松散颗粒、油脂、油漆、污物、水渍等杂物）彻底清除干净，使铺设表面清洁干燥，如路面有水迹，应待路面干燥后再进行铺设。

第5章 新式碾压混凝土基层施工质量控制

施工质量控制是在明确的质量方针指导下，通过对施工方案和资源配置的计划、实施、检查、处置，进行施工质量目标的事前控制、事中控制和事后控制的系统过程。施工质量控制既是一个技术问题，也是一个管理问题。如何保证施工单位在铺筑碾压混凝土基层的过程中贯彻设计意图，保持施工质量的稳定性和均匀性是提高碾压混凝土基层质量的关键。修筑优质碾压混凝土基层必须从原材料、设备、工艺、养生等方面进行严格的质量控制。本章从云梧、云罗、广乐、梅大等高速公路碾压混凝土基层施工过程质量控制出现的问题入手，论述碾压混凝土施工用原材料和施工过程质量控制的关键点和质量保证措施。

5.1 碾压混凝土基层原材料质量控制

原材料质量对配合比设计和施工的质量起着关键性作用。如果原材料质量稳定，施工质量就容易控制；相反，原材料质量不稳定将导致混凝土的级配发生变化或混凝土的工作性也跟着变化，甚至强度达不到要求，并且可能增加施工控制的难度，如碾压不密实、平整度差等问题。因此必须从原材料开始进行质量控制。

5.1.1 水泥的质量控制

基层碾压混凝土一般采用强度等级为32.5或42.5的普通硅酸盐水泥或复合硅酸盐水泥。由于碾压混凝土基层施工需要经过拌和、运输、碾压等环节，一般采用初凝时间3h以上和终凝时间6h以上的水泥。快硬水泥、早强水泥不得使用。

考虑到碾压混凝土的施工和易性和硬化过程中的收缩性能，散装水泥的出厂温度宜限制在70℃以内，拌和时，碾压混凝土混合料的温度不得高于50℃。

因此，对于碾压混凝土用水泥的抗压强度、抗折强度、安定性和凝结时间是质量控制的关键指标。表5.1-1是广东省内几个碾压混凝土基层用水泥抽检的指标。

部分项目碾压混凝土基层用水泥技术指标试验结果 表5.1-1

项目	品牌	凝结时间(min)		3d强度指标(MPa)		28d强度指标(MPa)		密度(g/cm^3)	安定性
		初凝	终凝	抗压	抗弯拉	抗压	抗弯拉		
YLLM	JY-P.C32.5	253	330	25.9	6.2	43.7	9.7	2.95	合格
GLLM2	LD-P.C32.5	321	384	18.5	4.0	34.8	8.1	2.94	合格
GLLM4	HL-P.C32.5	335	385	21.6	5.1	39.8	8.5	2.95	合格
MDLM	HR-P.C32.5	269	367	15.5	3.7	32.8	6.5	2.96	合格

续上表

项　目	品　牌	凝结时间(min)		3d 强度指标(MPa)		28d 强度指标(MPa)		密度 (g/cm^3)	安定性
		初凝	终凝	抗压	抗弯拉	抗压	抗弯拉		
MDLM	TP-P. C32. 5	189	276	11. 6	2. 5	26. 7	5. 5	3. 02	合格
要求	—	≥180	≥360	≥10. 0	≥2. 5	≥32. 5	≥5. 5	—	—

从表 5. 1-1 广东省部分碾压混凝土基层用水泥指标的抽检结果来看，仍然存在部分标段，个别批次的水泥的 28d 强度达不到《通用硅酸盐水泥》(GB 175—2007)的技术要求的情况，个别批次水泥的终凝时间达不到不少于 6h 的要求。

采用 TP-P. C32. 5 水泥在室内成型的碾压混凝土试件的 28d 抗折强度在 3. 5MPa 左右，达不到基层碾压混凝土配置强度 3. 89MPa 的要求，而采用合格的 P. C32. 5 水泥，在水泥剂量相同、级配类似的条件下，配制的碾压混凝土强度均可以满足基层碾压混凝土配置强度的要求。

因此，为保证碾压混凝土基层的强度，施工过程中必须对每一批次水泥的强度、安定性、凝结时间等关键指标进行抽样试验。

5. 1. 2　集料的质量控制

碾压混凝土基层用集料包括粗集料和细集料，粗集料包括各种规格的碎石，细集料一般包括石屑和河砂。碎石由坚硬、耐久的干净砾石或岩石轧制而成。其颗粒形状应具有棱角，接近立方体，有规定级配，不得掺有软质和破碎物质或其他杂质。如果使用轧碎砾石，应有 90%的破碎颗粒。碎石应预先筛分成 3～4 个不同粒级，然后配合使用。

石屑应坚硬、清洁、无风化、无杂质，具有足够强度。使用采石场轧制碎石中形成的石屑作集料时，过细的颗粒应予筛除。应使用清洁、颗粒坚硬、强度大、耐久性好的天然河砂，不含团块、软质或片状颗粒及其他有害杂质。

集料级配及技术指标的稳定性直接影响碾压混凝土性能的稳定性，试验结果表明：碾压混凝土的性能与碾压混凝土的级配、含泥量、河砂的含量有很大的关系，含泥量越大，碾压混凝土的强度越低；河砂的掺量对碾压混凝土的和易性和强度均有改善，而石屑的掺量越大，碾压混凝土的和易性、强度、收缩性能均变差。因此，在施工的过程中必须对集料的质量进行控制。

在碾压混凝土施工质量监控的过程中发现：粗集料含泥量、细集料 0. 075mm 筛孔以下含量、针片状颗粒含量等指标容易达不到技术标准的要求，因此在施工过程中需重点对这几项指标进行控制。

为保证碾压混凝土生产的过程中各档集料的质量稳定，各档集料必须分开堆放，要有防止不同规格集料混堆的控制措施，不同料源的集料不能混在一起使用，应分开堆放。

为保证碾压混凝土的含水率稳定，细集料堆放应加盖雨棚或防雨设施，防止细集料的含水率不均匀导致拌和时碾压混凝土的含水率难以准确控制影响碾压混凝土基层的强度和平整度。

5. 1. 3　保证原材料质量的关键措施

①施工准备阶段应对周边的石场进行考察、调研，选定质地良好的料源，保证集料的质量。

②选定合适的加工工艺，集料加工和进场的过程中定期对集料进行抽检试验，保证原材料的技术指标合格、稳定，发现不合格的原材料应查找原因，并采取改正的措施。

③集料堆放场地应进行硬化，并设置大于4%的纵坡以利于排水，同时设置良好的排水设施。

④不同规格的集料应隔开，分仓堆放，防止不同规格的集料窜料影响级配的稳定性。

⑤细集料仓应加盖防雨棚，防止细集料的级配、含水率不均匀，导致拌和时碾压混凝土的含水率难以控制。

5.2 碾压混凝土基层施工过程质量控制

强度、厚度、平整度是评价碾压混凝土基层质量主要指标，其中抗折强度是评价碾压混凝土质量的一个主要强度指标。水灰比、压实度和含水率是影响碾压式混凝土强度的主要因素。抗折强度随压实度的降低而急剧降低，水灰比越小，压实度对抗折强度的影响越大。在同等压实度下，水灰比越小，强度越高。含水率是影响碾压式混凝土压实性能和平整度的关键性指标，含水率小，不易压实，致使强度降低；含水率过大，碾压时则易出现波浪，影响路面平整度。施工过程应着重通过控制原材料的质量、含水率、水泥剂量、压实度等来控制碾压混凝土的施工质量，保证其强度和平整度。

5.2.1 拌和、运输质量控制要点

①拌和过程中要保证碾压混凝土拌和均匀，各组成材料剂量准确才能保证碾压混凝土的各项性能。碾压混凝土拌和过程的主要控制要点如下：

a. 碾压混凝土基层拌和采用改进的水稳拌和设备，为保证拌和的均匀性，缸长度应大于6m；拌和站的产量应满足正常施工速度要求，保证摊铺机连续摊铺，每台拌和机碾压混凝土的产量宜大于350t/h。

b. 为保证拌和设备称重系统的准确性，每台拌和站投入生产前，必须进行标定，在标定有效期满或拌和站搬迁后，均应重新标定。拌和站的计量允许偏差应符合以下规定：水泥：±1%；粗细集料：±3%；水：±1%。

c. 拌和的含水率应比最佳含水率大0.5%～1.0%，以补偿施工过程中的水分蒸发损失。

②装料、运输的过程中主要保证年碾压混凝土不产生离析，且防止水分损失过多。碾压混凝土转料、运输过程的主要控制要点如下：

a. 碾压混凝土应采用较大吨位的自卸汽车运输、车厢应清扫干净，不得有水积聚在车厢底部。从拌和机向运料车上放料时，应分5次挪动汽车位置，以减少粗细集料的离析现象。

b. 应尽快将拌成的碾压混凝土运送到铺筑现场。车上的混合料应该覆盖，以防水分过多损失。卸料时，应注意卸料速度、数量与摊铺的厚度、宽度相适应。

5.2.2 摊铺质量控制要点

碾压混凝土摊铺过程中主要是保证碾压混凝土摊铺均匀、平整、不产生离析现象，摊铺质量控制的要点主要包括选用合适的摊铺设备、确定合适的松铺系数及适宜的摊铺速度。

①摊铺设备应具有足够的功率，功率应达到 140kW 以上，对于双车道或三车道路面，摊铺时应采用两台摊铺机前后错开 5～10m 梯队作业，并保证两台摊铺机有 30～40cm 的搭接。

②碾压混凝土的松铺系数应根据混凝土的材料组成及摊铺机的性能通过试验段确定，松铺系数一般为 1.20～1.35。摊铺速度宜控制在 1～2m/min，并保持匀速、连续摊铺作业，以保证路面的平整度。

③运输车的运量应较拌和能力或摊铺速度有所富余，施工过程中摊铺机前方应有运料车在等候卸料，开始摊铺时在施工现场等候卸料的运料车不宜少于 5 辆。

④摊铺机连续摊铺时，运料车应在摊铺机前 10～30cm 处停住，不得撞击摊铺机。卸料过程中运料车应挂空挡，靠摊铺机推动前进。

⑤严禁空仓收斗，施工时应避免每车料收斗一次的做法，仅当料斗内粘附较多混合料时方需收斗。摊铺机后应有专人处理粗细集料离析现象，及时铲除"粗集料窝"的区域，并补充新的混合料。

5.2.3　碾压质量控制要点

压实度影响是碾压混凝土基层强度的关键因素，随着压实度的降低，碾压混凝土的强度急剧下降，室内试验表明压实度每下降 1%，碾压混凝土的抗折强度下降 0.27MPa。因此，保证碾压混凝土的压实质量非常重要。压实的质量控制主要是选用合理的压实设备，确定适宜的碾压工艺，控制碾压的速度和变数。质量控制要点如下：

①对于双车道路面施工，应至少配备 2 台 10～13t 的双钢轮振动压路机，2 台 20t 以上单钢轮压路机，对于多车道高速公路，应按相应的车道数与双车道的比例增加压路机的数量。

②碾压段长度以 30～40m 为宜。初压应采用双钢轮压路机静压，静压重叠量宜为 1/4～1/3 钢轮宽度，初压遍数宜为 2 遍，碾压速度 1.5～2km/h。

③复压应采用振动压路机振动碾压，重叠量宜为 1/4～1/3 振动碾宽度。振动压路机起步、倒车和转向均应缓慢柔顺，严禁振动压路机中途急停、急拐、紧急起步及快速倒车。复压遍数按检测达到规定压实度进行控制，一般宜为 4～6 遍，碾压速度 2～3km/h。

④终压应采用双钢轮压路机静压。终压遍数应以弥合表面微裂纹和消除轮迹为停压标准，一般宜为 2 遍，碾压速度 2～3km/h。

⑤初压、复压和终压作业应密切衔接配合、一气呵成，中间不应停顿、等候和拖延，也不得相互干扰。宜尽量缩短全部碾压作业完成时间。如有局部晒干和风干迹象，应及时喷雾。压实后表面应及时覆盖，并洒水养生。

⑥碾压混凝土基层施工时，严禁用薄层贴补法找平。不平之处在后续结构层施工中找平、接顺。

5.2.4　养生质量控制要点

①碾压完成后并经检查合格的碾压混凝土基层应立即开始养生，养生期为 7d。养生应采用先洒水一遍再覆盖土工布＋塑料薄膜的方式进行。

②养生中，碾压混凝土基层要始终保持潮湿状态。薄膜应有一定厚度和宽度，两幅间应相

互搭接 20cm 以上。覆盖薄膜后应以砂或绳网等重物压边,不得采用基层废料、土颗粒等污染性材料压边。

③在养生期间,除洒水车外,禁止其他车辆在路上通行。养生期间,当汽车必须在路上通行时,其行车速度不得超过 15km/h,同时不得紧急制动并应使车辆在该层全宽上均匀分布,禁止重型车辆通行。

5.2.5 切缝、灌缝质量控制要点

切缝的目的是让碾压混凝土内部的应力在预定的位置释放,若切缝时间过晚,碾压混凝土基层会产生不规则裂缝,过早切缝则会产生崩边现象,因此碾压混凝土基层切缝控制的要点是掌握好切缝时间,确定合理的切缝间距和切缝深度。

关于切缝间距,2011 年在云罗高速公路铺筑了 357m 的碾压混凝土试验段,铺筑完成后没有切缝,3d 后调查发现,共 10 条横向裂缝,10d 后调查发现,共 24 条横向裂缝,平均间距 15m,30d 后调查发现,共 30 条横向裂缝,平均间距 12m。50d 后又进行调查,还是 30 条裂缝。

①碾压混凝土施工完毕后,在不产生崩边的情况下应尽早进行切缝,切缝时间一般应控制在养生后 24～72h,以避免因碾压混凝土的收缩而产生大量裂缝。

②切缝应采用硬切缝的方式,切缝深度不宜小于 1/4 板厚,最浅不宜小于 60mm,切缝宽度宜为 3～5mm,横向切缝间距可设置在 8～12m。

③在进行下一道工序前,在合适的时机进行清缝,清缝用 2mm 直径的细铁丝配合森林灭火器进行清缝,清缝后应立即灌缝。

④在缝干净、干燥后采用 A 级 70 号热沥青进行灌缝,有条件也可采用改性沥青灌封。

5.2.6 保证碾压混凝土基层施工质量的关键控制点

①原材料指标合格,级配、针片状等指标稳定。

②配合比设计优化、组成材料合理、级配适当。

③前后场生产能力的均衡、产能一致、连续生产,减少停顿、减少施工接缝。

④含水率控制准确,集料要设防雨棚,搅拌均匀,一级拌缸加水。

⑤摊铺设备性能良好,功率足够,提高摊铺的均匀性和平整度,摊铺速度稳定。

⑥碾压工艺得当,碾压交界段压路机转大弯进行碾压,提高碾压交界段的平整度。

⑦切缝设备足够、切缝时机和深度满足设计要求。

⑧加强养生,采用土工布＋洒水＋覆盖塑料薄膜养生,最少 7d 养生,保证碾压混凝土的强度。

⑨碾压混凝土基层清缝及时、灌缝饱满,防止雨水下渗。

⑩透层油洒布前要清洗碾压混凝土基层表面的浮浆、杂物,保证碾压混凝土基层表面清洁、干净,加强基层与面层之间的连接。

⑪土工布布设要拉紧、平整,防止或延缓反射裂缝的发生。

⑫透层油及下封层布设的时机和质量,透层油和下封层应在下面层沥青施工前 1～3d 内进行施工,防止下封层污染或被破坏。

5.3　碾压混凝土基层施工质量控制与质量标准

5.3.1　一般规定

①施工质量的控制、管理与检查应贯穿整个施工过程，应对每个施工环节严格控制把关，对出现的问题，立即进行纠正直至停工整顿。

②施工过程中的质量管理要求。

碾压混凝土基层的施工应建立健全质量监测、管理和保证体系。应按铺筑进度做出质检仪器和人员数量动态计划。施工中应按计划落实质检仪器和人员，对施工各阶段的各项质量指标应做到及时检查、控制和评定，以达到所规定的质量标准，确保施工质量及其稳定性。

施工全过程的质量动态检测、控制和管理内容应包括施工准备、铺筑试验路段和施工过程中的各项技术指标的检验，出现施工技术问题的报告、论证和解决等。

5.3.2　铺筑试验路段

①碾压混凝土正式摊铺前，必须铺筑试验路段。试验路段长度宜大于 200m。

②试验路段分为试拌和试铺两个阶段，通过试验路段应达到下述目的：

a. 通过试拌检验拌和站的性能及确定合理搅拌工艺，检验新拌碾压混凝土的含水率、改进 VC 值等。

b. 通过试铺检验主要机械的性能和生产能力，检验辅助施工机械组配合理性，检验摊铺、碾压工艺包括：松铺厚度、摊铺速度、碾压遍数、压实度。

c. 使工程技术及工作人员熟悉并掌握各自的操作要领；按施工工艺要求检验施工组织形式和人员编制；建立混凝土原材料、拌和物、路面铺筑全套技术性能检验手段，熟悉检验方法。

③试验段铺筑中，施工人员应认真做好记录，监理工程师应监督检查试验段的施工质量，及时与施工单位商定并解决问题。试验段铺筑后，施工单位应提出试验路段总结报告，上报监理和业主批复，取得正式开工认可。

5.3.3　原材料控制与检测项目

①碾压混凝土基层用原材料现场检测项目和频率按表 5.3-1 的要求进行检验。

②应该严格控制细集料的含水率和级配。河砂的细度模数允许偏差为 0.2，超过时，应分别堆放，并应重新调整碾压混凝土的配合比。

原材料检测项目和频率　　表 5.3-1

名　称	检测项目	取样地点	检测频率	试验方法
水泥	细度	水泥罐车上	每批次	T 0502—2005
	标号	水泥罐车上	每批次	T 0506—2005
	凝结时间、安定性	水泥罐车上	每批次	T 0505—2005
细集料	砂细度模数	拌和厂	每 2 000m^3 1 次	T 0327—2005
	级配	拌和厂	每 2 000m^3 1 次	T 0327—2005

续上表

名　　称	检测项目	取样地点	检测频率	试验方法
细集料	砂当量	拌和厂	每 2 000$m^3$1 次	T 0334—2005
	含水率	拌和厂	随时检测	T 0343—1994
	含泥量	拌和厂	每 2 000$m^3$1 次	T 0333—2000
	泥块含量	拌和厂	每 2 000$m^3$1 次	T 0335—1994
粗集料	集料压碎值	拌和厂	每标段不少于 3 次	T 0316—2005
	坚固性	拌和厂	每标段不少于 3 次	T 0314—2005
	针片状含量	拌和厂	每 2 000$m^3$1 次	T 0311—2005
	级配	拌和厂	每 2 000$m^3$1 次	T 0302—2005
	含水率	拌和厂	随时检测	T 0305—1994
	含泥量	拌和厂	每 2 000$m^3$1 次	T 0310—2005
	泥块含量	拌和厂	每 2 000$m^3$1 次	T 0310—2005
	碱集料反应	拌和厂	必要时进行	T 0325—1994
	表观密度	拌和厂	必要时进行	T 0304—2005
	有机物含量	拌和厂	必要时进行	T 0313—1994
	硫化物及硫酸盐含量	拌和厂	必要时进行	GB/T 14685—2011

5.3.4 施工质量控制项目及质量标准

碾压混凝土施工过程中应检验拌和均匀性、改进 VC 值、含水率、水泥含量、矿料级配组成、压实度以及强度等，试验检测项目、频率和检验结果应满足表 5.3-2 的规定。

施工质量控制检验项目、频率和质量标准　　表 5.3-2

项　　目	频　　率	质量标准	试验方法
拌和均匀性	随时观察	无灰条、灰团，无离析	目测
机口改进 VC 值	每 2 000$m^2$1 次	20～30s	T 0524
矿料级配	每 2 000$m^2$1 次	在规定范围内	T 0302
水泥剂量	每 2 000$m^2$1 次，至少 6 个样品。用滴定法试验，并与实际水泥用量校核	比设计值多 0.5%～1.0%	T 0809
含水率	每 2 000$m^2$1 次，至少 2 个样品	比设计值多 0～1.0%	T 0803
压实度	每 200m，每车道 1 处，灌砂法	>95%	T 0921
7d 抗压强度(MPa)	每班留 1～3 组试件，日进度<500m 取 1 组；≥500m 取 2 组；≥1 000m取 3 组。 7d 抗压强度以碾压混凝土 7d 抗弯拉强度断块的抗压强度为准	$f_{cue} \geq 0.9 f_{cuk} + K_1 S$ $f_{min} \geq K_2 f_{cue}$ f_{cue}—统计平均抗压强度(MPa)； f_{cuk}—设计抗压强度(MPa)； f_{min}—统计最小抗压强度； S—抗压强度标准差(MPa)，小于 $0.06 f_{cuk}$，取 $0.06 f_{cuk}$； K_1、K_2—取值见下表，其中 n 为试件组数	T 0562

续上表

项　　目	频　　率	质 量 标 准				试 验 方 法
7d 抗压强度(MPa)	每班留 1～3 组试件，日进度＜500m 取 1 组；≥500m 取 2 组；≥1 000m取 3 组。 7d 抗压强度以碾压混凝土 7d 抗弯拉强度断块的抗压强度为准	n	10～14	15～24	≥25	T 0562
		K_1	1.70	1.65	1.60	
		K_2	0.90	0.85	0.85	
		当试件小于 10 组时： $f_{cue} \geq 1.15 f_{cuk}$ $f_{min} \geq 0.95 f_{cue}$				

注：1. 碾压混凝土 7d 龄期钻取的芯样应完整、密实，不应出现蜂窝、麻面、松散的情况。
2. 压实度：指现场实测湿密度与理论湿密度的比值，以百分率表示。
3. 7d 抗压强度主要用于施工期间的质量控制。

施工过程中还应对碾压混凝土铺筑和碾压后的外观进行鉴定，并应满足以下要求：

①表面平整密实、无坑洼、无明显轮迹。

②表面不得有软弹或松散脱皮现象。

③施工接茬平整、稳定。

5.3.5　碾压混凝土基层质量验收标准

已完成的碾压混凝土基层应按表 5.3-3 的要求进行实测项目的检查和验收，并应满足规定要求。

碾压混凝土验收标准　　　　表 5.3-3

项　　次	检 查 项 目		规定值或允许偏差	检验方法和频率
1	抗折强度(28d)		判定合格	JTG F80—2004 附录 C
2	压实度(%)	代表值	95	JTG F80—2004 附录 B 每 200m 每车道 1 处
		极限值	93	
3	厚度(mm)	代表值	−8	JTG F80—2004 附录 H 每 200m 每车道 1 点
		极限值	−15	
4	平整度(mm)		8	3m 直尺：每 200m 2 处×10 尺
5	纵断高程(mm)		5，−10	水准仪：每 200m 4 个断面
6	宽度(mm)		不小于设计值	尺量：每 200m 4 处
7	横坡(%)		±0.3	水准仪：每 200m 4 个断面
8	切缝深度(mm)		≥60 或≥1/4h	尺量：每 200m 接缝 4 处
9	灌封饱满度(mm)		≤2	尺量：每 200m 接缝 4 处

第 6 章 碾压混凝土基层沥青路面试验路铺筑效果及评价

为研究碾压混凝土基层的和易性、碾压工艺、切缝间距及时机、防反射裂缝措施等关键技术，并验证新式碾压混凝土基层沥青路面的使用性能，课题组在 2009 年 12 月至 2010 年 2 月在广昆高速公路粤境河口至平台段(以下简称云梧高速)铺筑了单幅 10km 的试验路，并对试验路的使用性能进行了跟踪观测。

6.1 试验路概况

云梧高速是国家高速公路“7918”网中的第十八横——广州至昆明高速公路的组成部分，起点位于云浮市云城区河口镇，终点位于郁南县平台镇，路线全长 98.471km，主线按山岭区、全封闭、全立交四车道高速公路修建，路段所处自然区划为Ⅳ6(武夷南岭山地过湿区)，设计年限内一个车道的累计当量标准轴次为 1 872 万次。2010 年 6 月 28 日建成通车。2014 年交通量统计结果显示：云梧高速公路一个断面年平均日交通量为 11 712 辆，货车比例 44%。

2009 年 12 月至 2010 年 2 月，在该路段铺筑了碾压混凝土基层沥青路面试验段，采用两种结构方案。试验路路面结构方案及施工路段见表 6.1-1。

试验路路面结构方案及实施路段 表 6.1-1

路段编号	结构方案	沥青层厚度(cm)	RCC 厚度(cm)	实 施 路 段	长度(m)	备注
路段 1	结构 1	10	24	施工：K106+790～K107+873	1 083	双幅
				国网：K158+300～K159+350		
路段 2	结构 2	18	18	施工：K109+676～K110+547	871	双幅
				国网：K161+200～K162+070		
路段 3	结构 2	18	18	施工：K119+134～K121+090	1 956	双幅
				国网：K171+200～K172+600		
路段 4	结构 1	10	24	施工：K121+090～K122+056	971	双幅
				国网：K172+600～K176+600		

在云梧高速公路碾压混凝土试验段 1 中，碾压混凝土强度不低于 3.5MPa。试验段 2 中，碾压混凝土作为基层参与路面整体工作，其强度适当降低，强度不应低于 3.0MPa。

6.2 碾压混凝土基层试验路铺筑质量

为更好地总结连续拌和式碾压混凝土基层的施工效果以及存在的问题，对云梧高速公路碾压混凝土基层试验路的施工质量情况和使用性能进行全面的跟踪检测和评价。

6.2.1　碾压混凝土试验路铺筑概况

连续拌和式碾压混凝土试验路选在云梧高速公路 K119＋134～K122＋056 段，单幅总长度约为 5.8km。第二段选在 K106＋790～K107＋873 和 K109＋676～K110＋547，单幅合计约 4km。结构方案布置如图 6.2-1、图 6.2-2 所示。

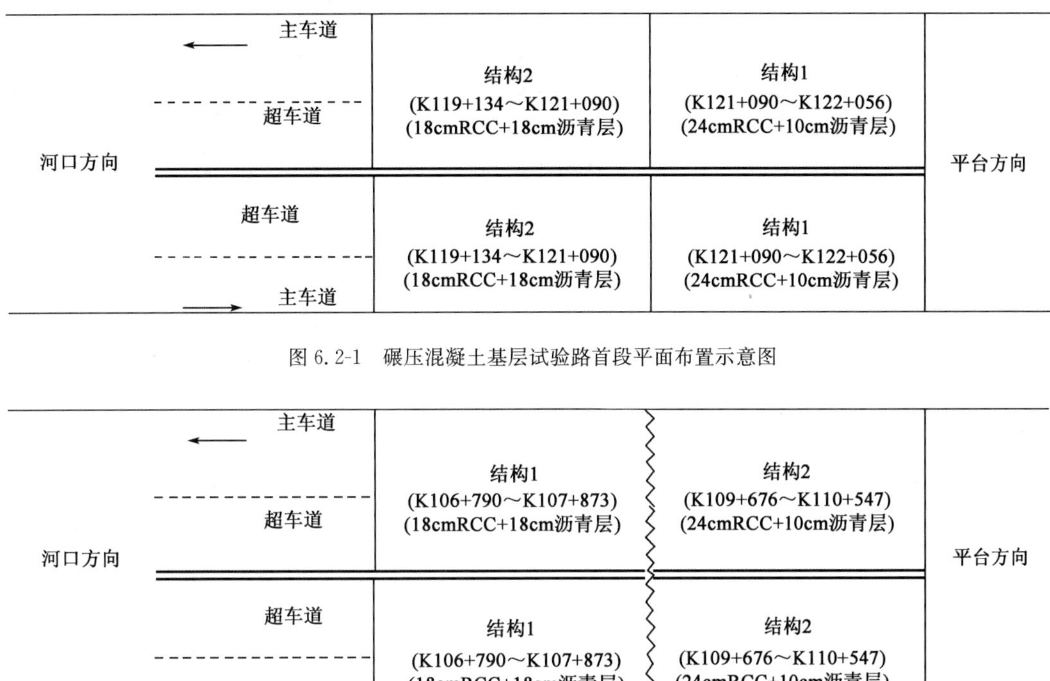

图 6.2-1　碾压混凝土基层试验路首段平面布置示意图

图 6.2-2　碾压混凝土基层试验路增补段平面布置示意图

云梧高速公路碾压混凝土试验路于 2009 年 12 月 3 日首次进行试铺，位置选在广州方向 LK121＋600～LK122＋056，试铺段长约 450m。试铺段的 RCC 厚度为 24cm，共采用两种配合比，其中 LK121＋820～LK122＋056 采用 1 号配合比(面层级配)，而 LK121＋600～LK122＋820 采用 2 号配合比(基层级配)。另外，为检验连续拌和式碾压混凝土含水率控制对其施工工艺及质量的影响，对采用 2 号配合比的 LK121＋600～LK122＋820 段后 50m 增加了 2％的含水率进行施工。施工时空气温度在 14～17℃，空气湿度在 50％～60％。

碾压混凝土试验路原材料全部采用水泥稳定类基层材料，矿料共分四档，分别为 10～30mm 碎石、10～20mm 碎石、0～10mm 石屑和 0～10mm 砂。集料的压碎值、坚固性、针片状含量等物理力学指标均符合要求。

6.2.2　碾压混凝土基层试验段施工质量控制

1)现场监控方案

根据连续拌和式碾压混凝土的特点，结合室内试验研究分析，制定了一套连续拌和式碾压混凝土基层的质量控制方案：碾压混凝土施工过程中应检测含水率、水泥含量、压实度、混合料级配、改进 VC 值等，并取现场混合料成型试件进行抗弯拉和抗压强度检验。如图 6.2-3 所示。

试验段1 (G-10)	试验段2(G-18)	一般路基段 (B-18)
4cm SBS改性沥青 GAC-13	4cm SBS改性沥青 GAC-13	4cm SBS改性沥青 GAC-13
6cm 50号沥青GAC-20	6cm 50号沥青GAC-20	6cm 50号沥青GAC-20
—	8cm 50号沥青GAC-25	8cm 50号沥青GAC-25
改性热沥青+碎石封层	改性热沥青+碎石封层	改性热沥青+碎石封层
24cm 碾压混凝土	18cm 碾压混凝土	18cm 水稳碎石
20cm 水稳碎石	18cm 水稳碎石	18cm 水稳碎石
20cm 水稳碎石	20cm 水稳碎石	20cm 水稳碎石
15cm 未筛分碎石	15cm 未筛分碎石	20cm 未筛分碎石

图 6.2-3　试验路及一般路段沥青路面结构图

(1)含水率检测

碾压混凝土含水率在现场采用燃烧法进行检测。摊铺开始时即进行含水率测试，摊铺时的含水率误差应控制在 0～1.0%以内。同时，对拌和楼混合料进行取样，采用烘干法检测混合料含水率。1 号配合比碾压混凝土设计含水率为 6.5%；2 号配合比碾压混凝土设计含水率为 6.3%。

(2)水泥含量测试

采用 EDAT 滴定试验测试水泥含量。混凝土开始生产时即测试水泥含量，施工水泥用量宜大于设计值的 1%。1 号配合比碾压混凝土设计水泥含量为 11.6%；2 号配合比碾压混凝土设计水泥含量为 11.5%。

(3)压实度

压实度在碾压结束后采用灌砂法进行检测，以碾压混凝土的标准密度为基准进行压实度计算，压实度应达到 97%以上。

(4)改进 VC 值

改进 VC 值在现场每 2h 测试一次，现场 VC 值允许偏差 5s。

(5)混合料强度检测

在拌和楼取出厂混凝土成型小梁试件，分别制备 7d 强度试件和 28d 强度试件，每组试件成型 3 个平行试件，用来评价碾压混凝土的力学性能。

(6)级配组成

对混合料进行筛分试验，观测级配组成变异情况。将混合料稍加水洗后，采用酒精烧干，进行筛分试验。碾压混凝土现场检测项目及控制标准如表 6.2-1 所示。

碾压混凝土铺筑现场检测项目和控制标准　　表 6.2-1

检测项目	检测频率	控制标准
含水率	每 1h 一次	偏差在 0～1.0%
水泥含量	每 1h 一次	宜大于设计值的 1.0%
VC 值	每 2h 一次	现场 VC 值允许偏差 5s

续上表

检 测 项 目	检 测 频 率	控 制 标 准
压实度	每 200m 每车道 2 处	代表值 97%、极值 94%
级配组成	全过程控制	—
施工时间(拌和至碾压结束)	全过程控制	宜控制在 2.5h 以内

2)现场监控结果

根据制定的试验路质量控制指标进行了施工全过程的质量控制,检测结果如下:

(1)含水率检测结果

2009 年 12 月 3 日上午,在广州方向 LK121+600～LK122+056 路段进行了试铺,前场含水率采用烧失法检测,每组采用两个平行试件,前场含水率检测结果如表 6.2-2 所示。

试铺段前场含水率检测结果　　表 6.2-2

施工时间	9:30	10:10	14:50	15:45	17:03
配合比	1 号配合比	1 号配合比	2 号配合比	2 号配合比	2 号配合比(调大 2%含水率)
含水率	6.5%	6.8%	4.9%	5.9%	8.7%

1 号配合比碾压混凝土设计级配含水率设计值为 6.5%,从检测结果上看,含水率检测结果与设计值极为接近。下午的施工中,将含水率调低了 1%,检测结果也表明此时的含水率略低于设计值。为使碾压混凝土更具有混凝土出浆的效果,在施工结束前的 5 车料的含水率调高了 2%,检测的结果为 8.7%,与目标值极为接近。后场含水率检测采用微波炉烘干法检测,检测结果如表 6.2-3 所示。

试铺段后场含水率检测结果　　表 6.2-3

设计含水率		后场含水率检测结果			
6.5%(1 号配合比)	6.3%(2 号配合比)	7.7%	7.1%	7.3%	7.1%

由表 6.2-3 可以看到,拌和楼刚生产出的混合料含量比设计值大 0.5%～1%,与控制要求相符合。在后续施工中,采用烘干法对现场含水率进行监控,检测结果如表 6.2-4 所示。

后续施工中前场含水率检测结果　　表 6.2-4

施 工 时 间	1 月 9 日	1 月 10 日	1 月 12 日
含水率	5.2%、5.4%	6.2%、5.7%	5.4%、4.5%

以上检测结果表明,施工单位对碾压混凝土含水率进行了有效、精确的控制,含水率控制基本与设计值相符。

(2)水泥含量测试结果

水泥含量采用 EDTA 滴定法进行测试,试铺段的检测结果如表 6.2-5 所示,试验路后续施工中的监控结果如表 6.2-6 所示。

试铺段水泥剂量测试结果　　表 6.2-5

设计水泥剂量(%)		水泥剂量检测结果(%)									
11.6 (1 号配合比)	11.5 (2 号配合比)	11.8	12.0	11.9	11.8	11.7	11.7	11.3	12.2	12.7	12.8

后续施工中水泥剂量检测结果　　表 6.2-6

施 工 时 间	1 月 9 日	1 月 10 日	1 月 12 日
水泥含量(%)	11.2	11.2	11.2

由表 6.2-5、表 6.2-6 可以看到，碾压混凝土试验路施工过程中的水泥剂量控制比较精确，与设计值极为接近，符合控制要求。

(3)级配组成测试结果

在 LK121＋600～LK122＋056(广州方向)试铺段施工中，进行了矿料级配筛分检测。1 号配合比矿料级配检测结果如图 6.2-4 所示，2 号配合比矿料级配检测结果如图 6.2-5 所示。

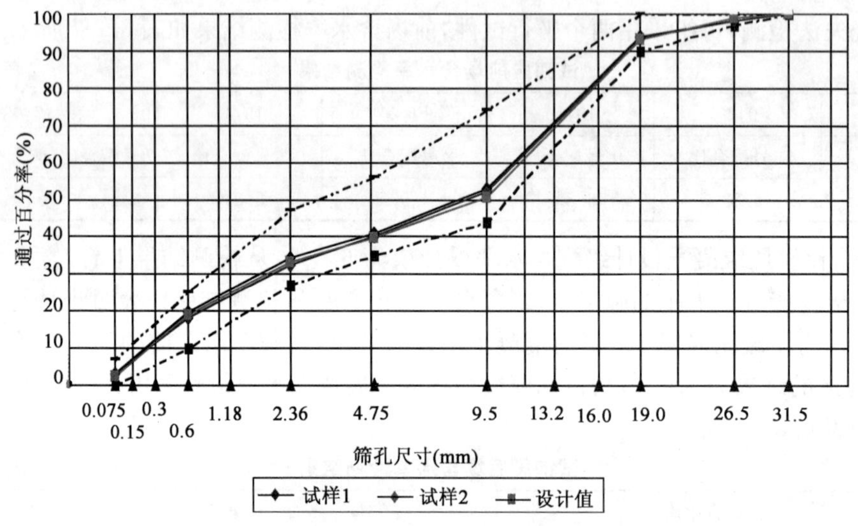

图 6.2-4　碾压混凝土试铺段 1 号配合比矿料级配检测结果

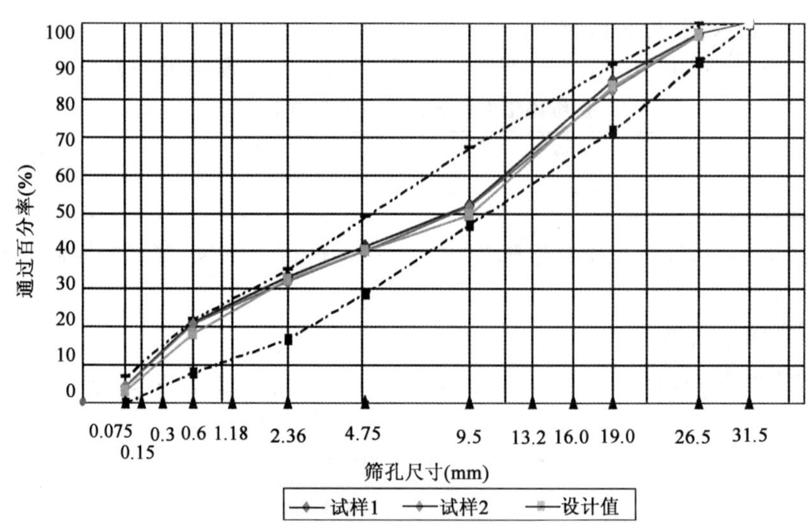

图 6.2-5　碾压混凝土试铺段 2 号配合比矿料级配检测结果

由图 6.2-4 和图 6.2-5 可以看到，混合料的级配控制比较准确，级配组成在设计之内且十分接近设计值。

(4)压实度检测结果

压实度采用灌砂法测试，压实度代表值要求 97%以上，极值要求 94%以上。在 LK121+600～LK122+056(广州方向)试铺段施工中压实度检测结果如表 6.2-7 所示，试验路后续施工中压实度检测结果如表 6.2-8 所示。

试铺段施工中压实度检测结果　　表 6.2-7

起始桩号	LK122+045	LK121+960	LK121+920	LK121+850	LK121+700
碾压段	第一段	第二段	第三段	第四段	第五段
压实度	96.2%	99.9%、99.5%	94.9%	96.9%、98.2%	98.3%、97.2%

后续施工中压实度检测结果　　表 6.2-8

施工时间	1 月 9 日	1 月 10 日	1 月 12 日
压实度	99.6%、95.6%	98.6%	96.8%、98.8%

由表 6.2-7、表 6.2-8 可知，碾压混凝土试验路施工时的压实度总体控制较好。在 2009 年 12 月 3 日的试铺段施工中，第一段和第三段的压实效果相对较差，其他施工段由于采用了 18.6t Dynapac 单钢轮振路机参与复压，碾压效果明显。第二段不但采用了 18.6t Dynapac 单钢轮压路机，而且采用了 24t 徐工 XP-261 轮胎压路机，碾压效果极好，但轮胎压路机易导致路面出现轮隙间突起。第四、五段采用 13.2t 双钢轮初压、18.6t Dynapac 单钢轮压路机参与复压的碾压工艺压实效果较好，满足压实 97%要求且可以实现压实度在 98%以上，建议在今后施工中继续采用。

(5)改进 VC 值测试结果

在实验室进行了多次改进 VC 值测试，结果均能满足设计要求。

6.2.3　碾压混凝土基层试验段力学性能检测

在碾压混凝土试验路施工中，取拌和楼混合料成型小梁试件，经过 7d、28d 养生后，测试碾压混凝土的抗折强度和抗压强度。为便于统计分析各施工段落的强度测试结果，结合碾压混凝土试验路施工顺序和碾压混凝土配合比设计研究进展，将 2009 年 12 月 3 日施工的 LK121+600～LK122+056 试铺段作为一个单独统计段，称为第一段；将 K119+134～K122+056段中除去试铺段后剩余的施工段即 RK121+600～RK122+056 和 K119+134～K121+600 段，称为第二段；将 K106+790～K110+547 试验段，称为第三段。各路段统计分析的内容包括室内成型试件的抗压强度、抗弯拉强度以及现场取芯进行的劈裂强度(可换算成抗弯拉强度)。

1)第一段强度检测结果

(1)成型试件强度

碾压混凝土抗弯拉试件由拌和站拌制的混合料在室内成型而成，在标准养护室养护 7d 后，进行抗弯拉试验。抗弯拉试验完成后，利用断裂后的试件进行抗压试验，得到试件的抗压强度。第一段(LK121+600～LK122+056，广州方向试铺段)碾压混凝土成型试件 7d 的抗弯拉和抗压强度如表 6.2-9 所示，28d 抗弯拉试验结果如表 6.2-10 所示。

碾压混凝土成型试件 7d 抗弯拉、抗压强度试验结果 表 6.2-9

配合比	试件编号	7d 抗弯拉强度(MPa)		7d 抗压强度(MPa)	
1 号配合比（7d 设计值抗弯拉 2.69MPa、抗压 19.7MPa）	1-1	2.08	1.77	11.5	11.60
	1-2	1.77		12.0	
	1-3	1.76		11.3	
	4-1	1.68	1.89	11.8	11.97
	4-2	2.01		12.3	
	4-3	1.97		11.8	
2 号配合比（7d 设计值抗弯拉 2.14MPa、抗压 15.5MPa）	7-1	1.65	1.74	11.3	11.30
	7-2	1.74		11.3	
	7-3	1.82		11.3	
	10-1	2.09	2.16	11.0	10.97
	10-2	2.09		11.2	
	10-3	2.30		10.7	

碾压混凝土成型试件 28d 抗弯拉强度试验结果 表 6.2-10

配合比	试件编号	28d 抗弯拉强度试验		
		强度(MPa)	平均值(MPa)	变异系数(%)
1 号配合比（28d 设计抗弯拉强度 3.19MPa）	1-1	3.00	3.12	3.78
	1-2	3.08		
	1-3	3.28		
	1-4	3.11		
2 号配合比（28d 设计抗弯拉强度 3.65MPa）	2-1	2.71	2.83	9.57
	2-2	3.02		
	2-3	2.51		
	2-4	3.09		

可以看到，以拌和楼拌制的混合料制作的 4 组小梁试件中，有 3 组试件的 7d 抗弯拉强度未达到设计值要求，仅有一组试件的 7d 抗弯拉与设计值接近；所有成型试件的 7d 抗压强度和 28d 抗弯拉强度均小于配合比设计时的相应强度。可见，水稳拌和楼拌制的混合料质量与试验室小型机械拌和得到的混合料质量尚有一定的差距。为此，在后续的碾压混凝土试验路施工中应采用提高水泥标号、增加水泥剂量或者调整矿料级配，必要时添加缓凝减水剂等措施，以使试验路施工质量满足设计要求。

(2)路面芯样强度

本次劈裂强度试件是由碾压混凝土试验路钻取芯样后，按径高比 1∶2 切割而成，28d 和 7d 芯样劈裂强度试验结果如表 6.2-11、表 6.2-12 所示。而轴心抗压强度试件是由芯样按径高比 1∶1 切割而成，将试件进行单轴抗压试验，然后将试验结果换算成径高比 1∶2 试件的轴心抗压强度，结果如表 6.2-13 所示。

路面芯样 28d 劈裂强度试验结果　　表 6.2-11

施工路段	LK121+600～LK122+056 广州方向碾压混凝土试铺段			
配合比类型	1 号配合比(32.5 级水泥)		2 号配合比(32.5 级水泥)	
强度类型	28d 劈裂强度	换算抗弯拉强度	28d 劈裂强度	换算抗弯拉强度
实测值(MPa)	1.17	2.14	2.33	3.90
	1.79	3.11	1.17	2.14
	1.50	2.66	1.51	2.68
	1.38	2.47	1.38	2.47
	1.51	2.68	1.47	2.61
	—	—	1.14	2.10
平均值(MPa)	1.47	2.61	1.50	2.65
标准差(MPa)	0.23	0.35	0.43	0.66
变异系数(%)	15.6	13.4	28.7	24.9

路面芯样 7d 劈裂强度试验结果　　表 6.2-12

施工路段	取样桩号	编号	劈裂强度(MPa)	换算抗弯拉强度(MPa)	均值(MPa)
试铺段中第五碾压段(含水率增加 2%)	LK121+610	1-1	0.69	1.35	1.60
	LK121+630	1-3	0.91	1.72	
	LK121+640	2-1	0.83	1.59	
	LK121+650	2-2	0.92	1.74	
LK121+860～LK121+600 试铺段中第五段	LK121+710	3-1	1.12	2.06	2.03
	LK121+740	3-2	0.81	1.55	
	LK121+810	3-4	0.95	1.79	
	LK121+740	4-2	1.11	2.05	
	LK121+810	4-4	1.11	2.05	
	LK121+720	5-3	1.17	2.14	
	LK121+760	5-5	1.18	2.16	
	LK121+780	5-8	1.40	2.50	
	LK121+785	5-9	1.08	2.00	
	LK121+818	5-11	1.14	2.09	
	LK121+834	5-13	1.07	1.98	
LK121+900～LK121+860 试铺段中第四碾压段	LK121+865	6-1	1.36	2.44	2.24
	LK121+875	6-2	1.07	1.98	
	LK121+885	6-3	1.33	2.39	
	LK121+895	6-4	1.17	2.14	
LK121+940～LK121+900 试铺段中第三碾压段	LK121+905	7-1	1.07	1.98	2.08
	LK121+915	7-2	1.03	1.92	

续上表

施工路段	取样桩号	编号	劈裂强度(MPa)	换算抗弯拉强度(MPa)	均值(MPa)
LK121+940～LK121+900 试铺段中第三碾压段	LK121+925	7-3	1.21	2.21	2.08
	LK121+930	7-4	1.21	2.21	
LK121+980～LK121+940 试铺段中第二碾压段	LK121+950	8-2	1.32	2.38	1.97
	LK121+960	8-3	1.04	1.93	
	LK121+970	8-4	1.06	1.97	
LK122+056～LK121+980 试铺段中第一碾压段	LK121+994	9-2	1.54	2.72	2.42
	LK122+002	9-3	1.34	2.41	
	LK122+026	9-6	1.17	2.14	

路面芯样 7d 轴心抗压强度试验结果

表 6.2-13

施工路段	取样桩号	编号	修正强度(MPa)	换算立方体抗压强度	
				换算值(MPa)	均值(MPa)
试铺段中第五碾压段 (含水率增加 2%)	LK121+620	1-2	7.8	9.8	9.1
	LK121+660	2-3	6.7	8.4	
试铺段中第五碾压段	LK121+670	2-4	7.0	8.8	10.6
	LK121+770	3-3	8.5	10.7	
	LK121+770	4-3	13.8	17.3	
	LK121+690	5-1	8.7	10.9	
	LK121+700	5-2	7.2	9.0	
	LK121+730	5-4	7.6	9.5	
	LK121+760	5-6	9.6	12.0	
	LK121+760	5-7	9.4	11.8	
	LK121+795	5-10	9.7	12.1	
	LK121+826	5-12	6.2	7.7	
	LK121+842	5-14	6.3	7.8	
	LK121+860	5-16	7.9	9.9	
试铺段中第三碾压段	LK121+940	8-1	10.8	13.5	13.5
LK122+056～LK121+980 试铺段中第一碾压段	LK121+986	9-1	8.2	10.2	11.0
	LK122+010	9-4	7.3	9.2	
	LK122+018	9-5	14.3	17.9	
	LK122+042	9-8	9.0	11.2	

由表 6.2-11～表 6.2-13 可以看到，采用 18.6t Dynapac 单钢轮压路机参与复压的第四段和第五段的 7d 路面芯样劈裂强度值相对较高。第四段与第五段机械配置相同，但第四段碾压遍数比第五段多一遍，得到的芯样劈裂强度和抗压强度高于第五段，再次说明碾压混凝土施工

中采用第四段碾压工艺较为合理。此外，将混合料含水率提高 2%的第五施工段后半段，无论是芯样抗压强度还是抗弯拉强度均低于其他施工段，表明在施工中仍需严格遵循设计用水量，提高含水率会明显降低碾压混凝土强度。

路面芯样的抗弯拉强度和抗压强度与水稳拌和楼拌制后室内成型试件的相同龄期强度差异不大，说明拌和楼取样后室内成型试件的强度基本能够反映出路面强度的真实情况，可以作为连续拌和式碾压混凝土施工质量控制的依据。另外，路面芯样的 7d 抗弯拉强度基本都能够达到 28d 龄期的 80%左右，说明连续拌和式碾压混凝土早期强度形成得较快。因此，在连续拌和式碾压混凝土基层成型后，应立即采取有效措施进行养护，养护时间不宜少于 7d，以保证碾压混凝土的强度能充分地形成。

2)第二段强度检测结果

(1)成型试件强度

K119＋134～K122＋056 段中除去试铺段后剩余的施工段 RK121＋600～RK122＋056 和 K119＋134～K121＋600 段即为第二段。考虑到碾压混凝土试铺段(第一段)的 28d 龄期的成型试件和路面芯样抗弯拉强度均达不到设计要求，为保证路面工程质量，经研究决定对路面结构 1(24cm RCC＋10cm AC)的碾压混凝土基层采用 1 号配合比(面层级配)，并将 32.5 级水泥更换为 42.5 级水泥，而对路面结构 2(18cm RCC＋18cm AC)的碾压混凝土基层采用 2 号配合比(基层级配)。第二段碾压混凝土基层试验路的混合料室内成型试件 28d 抗弯拉强度统计结果如表 6.2-14 所示。

1 号配合比采用 42.5 级水泥 28d 抗弯拉强度均值为 3.16MPa，而 2 号配合比采用 32.5 级水泥 28d 抗弯拉强度均值为 2.57MPa，也即 1 号配合比水泥等级提高后，混凝土抗弯拉强度也有了明显的提高。

第二段碾压混凝土成型试件 28d 抗弯拉强度试验结果　　表 6.2-14

42.5 级水泥(1 号配合比，RCC 厚 24cm)			32.5 级水泥(2 号配合比，RCC 厚 18cm)		
施工位置	28d 抗弯拉强度(MPa)	施工时间	施工位置	28d 抗弯拉强度(MPa)	施工时间
LK121＋090～LK121＋260	3.07	2009.12.17	LK119＋940～LK120＋420	2.35	2009.12.18
RK121＋090～RK121＋640	3.05	2009.12.24	LK119＋560～LK119＋940	2.22	2009.12.19
	3.29		RK119＋940～RK121＋090	2.81	2009.12.25
RK121＋710～RK122＋056	3.04	09.12.24		2.9	
	3.37		RK119＋129～RK119＋940	2.57	2009.12.26
—	—	—		2.54	
平均值(MPa)	3.16	—	平均值(MPa)	2.57	—
变异系数(%)	4.88	—	变异系数(%)	10.14	—

(2)路面芯样强度

第二段碾压混凝土试验路芯样 7d 龄期的劈裂强度及换算抗弯拉强度如表 6.2-15 所示。

第二段碾压混凝土路面芯样 7d 劈裂强度试验结果 表 6.2-15

42.5 级水泥(1 号配合比,RCC 厚 24cm)				32.5 级水泥(2 号配合比,RCC 厚 18cm)			
施工位置	劈裂强度(MPa)	换算抗弯拉(MPa)	施工时间	施工位置	劈裂强度(MPa)	换算抗弯拉(MPa)	施工时间
RK121+300	1.75	3.04	2009.12.24	RK119+499	1.21	2.20	2009.12.26
RK121+360	1.24	2.25		RK119+700	1.72	3.00	
RK121+520	1.48	2.62		RK119+885	1.09	2.01	
—	—	—	—	RK120+300	1.47	2.61	2009.12.25
—	—	—		RK120+420	1.21	2.21	
—	—	—		RK120+680	1.54	2.72	
平均值(MPa)	1.49	2.64	—	平均值(MPa)	1.37	2.46	—
变异系数(%)	17.12	14.99	—	变异系数(%)	17.56	15.37	—

由表 6.2-15 可以看到,采用高标号水泥的碾压混凝土抗弯拉强度要高于低标号的,7d 抗弯拉强度约提高了 9%。此外,连续拌和式碾压混凝土路面芯样 7d 劈裂强度变异系数在 17% 左右,要高于室内成型的抗弯拉强度的变异性,表明碾压混凝土基层施工的均匀性与室内试验拌和仍有一定的差距。

3)第三段强度检测结果

(1)成型试件强度

在总结前两段碾压混凝土试验路施工经验及强度检测结果的基础上,根据云梧高速公路碾压混凝土基层原材料特点,对碾压混凝土配合比进行了适当的调整,又铺筑了第三段试验路(K106+790~K110+547)。由于云梧高速公路的基层集料,尤其是细集料具有含泥量高、吸水率大的特点,据此对 2 号碾压混凝土配合比进行了改进,通过提高水泥等级或减少粉尘含量高的石屑含量,提高混凝土中的砂含量等措施,以期提高碾压混凝土的强度。实践表明,第三段改进后成型的碾压混凝土试件抗压弯拉强度有了大幅度提高,试验结果明显好于前期,28d 抗弯拉强度如表 6.2-16 所示。

第三段碾压混凝土 28d 抗弯拉拉强度试验结果 表 6.2-16

42.5 级水泥(2 号配合比,RCC 厚 24cm)			32.5 级水泥(2 号配合比,RCC 厚 18cm)		
施工位置	抗弯拉强度(MPa)	抗弯拉强度(二次搅拌)(MPa)	施工位置	抗弯拉强度(MPa)	抗弯拉强度(二次搅拌)(MPa)
RK106+800~RK107+837	4.39	4.53	RK109+676~RK110+547	3.82	4.21
	4.30	4.55		3.70	4.27
	4.45	4.61		3.52	3.99
	3.64	4.22	LK109+676~LK110+547	3.69	4.06
LK106+800~LK107+837	4.29	4.79		4.27	4.70
	4.12	4.84	—	—	—
平均值(MPa)	4.20	4.59	平均值(MPa)	3.80	4.25
变异系数(%)	7.04	4.82	变异系数(%)	7.46	6.54

注:二次搅拌即成型试验试件的水稳拌和楼拌制的混合料经过了试验室搅拌机再次搅拌。

由表 6.2-16 可以看到，经过调整后的 2 号碾压混凝土配合比，强度有了明显的提高，采用 42.5 级水泥时 28d 抗弯拉强度平均值达到了 4.20MPa，即使采用 32.5 级水泥抗弯拉强度均值也达到了 3.80MPa，完全符合了碾压混凝土试验路路面结构 1 和路面结构 2 对 RCC 的设计强度要求(RCC 28d 抗弯拉强度要求分别大于 3.5MPa 和 3.0MPa)。此外，为探讨采用水稳拌和楼拌和效果对碾压混凝土强度的影响，将厂拌后的碾压混凝土进行了室内二次搅拌后再成型抗弯拉试件，并将其强度与厂拌碾压混凝土试件强度进行对比。结果表明，无论是 32.5 级水泥配制的碾压混凝土，还是 42.5 级水泥配制的碾压混凝土，其 28d 抗弯拉强度均有所提高，提高幅度在 10%左右，而且试件强度的变异性也有所减小。由此可见，若连续拌和式碾压混凝土的搅拌时间加长或进行二次搅拌可以明显提高碾压混凝土的强度，并改善其均匀性。

(2)路面芯样强度

第三段碾压混凝土试验路的路面芯样 7d 龄期的劈裂强度及换算后的抗弯拉强度如表 6.2-17、表 6.2-18 所示。

第三段碾压混凝土路面芯样(42.5 级水泥)7d 劈裂强度试验结果　　表 6.2-17

施 工 位 置	42.5 级水泥(2 号配合比，RCC 厚 24cm)		
	劈裂强度(MPa)	换算抗弯拉强度(MPa)	施工时间
RK106+830	2.95	4.79	2010.1.9
RK106+900	2.86	4.67	
RK107+140	1.90	3.27	
RK107+520	1.83	3.16	2010.1.12
RK107+700	1.84	3.17	
RK107+800	1.78	3.09	
LK106+830	1.84	3.18	2010.1.17
LK106+930	1.99	3.40	
LK106+990	2.25	3.78	
平均值(MPa)	2.14	3.61	—
变异系数(%)	21.38	18.46	—

第三段碾压混凝土路面芯样(32.5 级水泥)7d 劈裂强度试验结果　　表 6.2-18

施 工 位 置	32.5 级水泥(2 号配合比，RCC 厚 18cm)		
	劈裂强度(MPa)	换算抗弯拉强度(MPa)	施工时间
RK109+730	2.17	3.66	2010.1.15
RK109+860	1.98	3.39	
RK109+970	1.76	3.06	
RK110+140	2.15	3.63	2010.1.16
RK110+240	2.24	3.77	
LK110+110	1.74	3.02	2010.1.19
平均值(MPa)	2.01	3.42	—
变异系数(%)	10.79	9.38	—

从表 6.2-17、表 6.2-18 可以看到，第三段碾压混凝土试验路路面芯样 7d 龄期的换算抗弯拉强度平均值分别达到了 3.61MPa(42.5 级水泥)、3.42MPa(32.5 级水泥)，路面芯样强度明显高于试铺段和试验路第二段。

综合分析第三段碾压混凝土试验路的试验检测结果，可以发现砂率的增加可明显提高碾压混凝土的强度。究其原因，主要是由于较高的砂率在混凝土成型过程中可以起到液化作用，使砂浆能够在外部振动力的泵吸作用下更容易填充粗集料间的空隙，更充分地包裹住粗集料，使其形成更加紧密的整体，提高粗集料间黏结力，从而提高了碾压混凝土的强度。另一方面，由于河砂的吸水率比石屑要小，在满足施工要求时可以降低混合料的需水量，提高混合料的密实度，直接提高了碾压混凝土的强度。

另外，从拌和楼取回的混合料经搅拌机搅拌后配制的混凝土抗弯拉强度要高于未搅拌的混合料配制的混凝土，这说明搅拌工艺也是影响碾压混凝土抗弯拉强度的一个因素，因此改进水稳拌和楼拌和工艺(比如说增加搅拌时间)也是值得进行更深入的研究。

6.3 试验路防反射裂缝措施及效果

6.3.1 试验路防反射裂缝措施

云梧高速公路碾压混凝土试验路的路面结构分两种，试验路结构方案见表 6.1-1。各路段切缝间距及防反射裂缝措施如下所述。

路段 1 采用了聚酯玻纤布、土工布、玻纤格栅三种材料贴缝，宽度有 1m 和 2m 两种，切缝间距 10m；路段 2 采用的材料布置方式与路段 1 大致相同，只增加了未作任何裂缝处理措施的观测段，切缝间距为 10m；路段 3 梧州方向采用了 2m 的聚酯玻纤布和玻纤格栅两种材料贴缝，广州方向用土工布贴缝，宽度有 1m、2m 两种，切缝间距为 10m；路段 4 梧州方向采用聚酯玻纤布宽 1m，聚酯纤维布宽 2m 贴缝，广州方向切缝间距有 8m、10m、12m、15m、20m，防反措施有 1m、2m 玻纤格栅以及 1m、2m 土工布。具体的防反射裂缝措施见表 6.3-1。

云梧高速碾压混凝土防反射裂缝措施　　表 6.3-1

施工桩号	换算国网桩号	长度(m)	防反措施
K106+790～K106+970	K158+319～K158+499	180	聚酯玻纤布宽 2m
K106+970～K107+150	K158+499～K158+679	180	聚酯玻纤布宽 1m
K107+150～K107+330	K158+679～K158+859	180	玻纤格栅宽 2m
K107+330～K107+510	K158+859～K159+039	180	玻纤格栅宽 1m
K107+510～K107+670	K159+039～K159+199	160	土工布宽 2m
K107+670～K107+837	K159+199～K159+366	167	土工布宽 1m
K109+676～K109+786	K161+200～K161+310	110	聚酯玻纤布宽 2m
K109+786～K109+896	K161+310～K161+420	110	聚酯玻纤布宽 1m
K109+896～K110+006	K161+420～K161+530	110	玻纤格栅宽 2m
K110+006～K110+116	K161+530～K161+640	110	玻纤格栅宽 1m
K110+116～K110+226	K161+640～K161+750	110	土工布宽 2m

续上表

施工桩号	换算国网桩号	长度(m)	防反措施
K110+226～K110+336	K161+750～K161+860	110	土工布宽 1m
K110+336～K110+436	K161+860～K161+960	100	不设土工布
K110+436～K110+547	K161+960～K162+071	111	
AK119+129～AK119+360	AK170+654～AK170+885	231	玻纤格栅宽 2m
AK119+360～AK119+940	AK170+885～AK171+465	580	聚酯纤维布宽 2m
AK119+940～AK121+090	AK171+465～AK172+615	1 150	玻纤格栅宽 2m
BK120+420～BK121+090	BK171+945～BK172+615	670	不设土工布
BK119+940～BK120+420	BK171+465～BK171+945	480	
BK119+560～BK119+940	BK171+085～BK171+465	380	土工布宽 2m
BK119+360～BK119+560	BK170+885～BK171+085	200	土工布宽 2m
BK119+129～BK119+360	BK170+654～BK170+885	231	土工布宽 1m
AK121+090～AK121+640	AK172+615～AK173+165	550	聚酯玻纤布宽 1m
AK121+640～AK121+710	AK173+165～AK173+235	70	聚酯纤维布宽 2m
AK121+710～AK122+056	AK173+235～AK173+581	346	
BK121+090～BK121+260	BK172+615～BK172+785	170	玻纤格栅宽 1m
BK121+260～BK121+600	BK172+785～BK173+128	340	玻纤格栅宽 2m
BK121+603～BK121+703	BK173+128～BK173+228	100	土工布宽 1m
BK121+703～BK121+803	BK173+228～BK173+328	100	
BK121+803～BK121+908	BK173+328～BK173+433	105	土工布宽 2m
BK121+908～BK121+992	BK173+433～BK173+517	84	
BK121+992～BK122+056	BK173+517～BK173+581	64	

6.3.2　反射裂缝调查

云梧高速于 2010 年 6 月 30 日正式通车，2012 年 7 月（通车两年）、2014 年 10 月（通车四年）课题组对试验段裂缝进行了专项调查。分方向、路段的裂缝调查结果如下。

1）路段 1 裂缝调查

（1）路段 1 梧州方向

至 2012 年 7 月，K106+790～K107+837 梧州方向横向裂缝平均距离为 43.9m。路段共有纵向裂缝 4 道，总长度 280m，大多数发生在高填方处，纵向裂缝发生的位置与纵向切缝位置有一定的偏差，偏向于路肩侧，表明高填方、路基不稳定是纵向裂缝发展的主要原因。横缝间距统计分布如图 6.3-1 所示。

由图 6.3-1 可以看到，2012 年调查时，2m 聚酯纤维布的切缝处理效果最好，而 1m 土工布次之。2014 年调查裂缝间距较 2012 年调查结果有不同程度的缩短。2014 年调查时，2m 土工布、1m 玻纤格栅的切缝处理效果相对较好。比较两次调查数据，玻纤格栅、土工布措施处理路段裂缝间距变化较小，说明这两种措施处理后碾压混凝土基层沥青路面新发展裂缝较少。

(2)路段1广州方向

至2012年7月,K106+790～K107+837广州方向总长度1 047m路段中,共有横向裂缝48道,平均距离为23.9m。路段共有纵向裂缝12道,总长度567m,多发生于主车道左轮迹处,发生在填方路段裂缝为6条,发生在挖方路段为6条。两次调查横缝间距分布如图6.3-2所示。

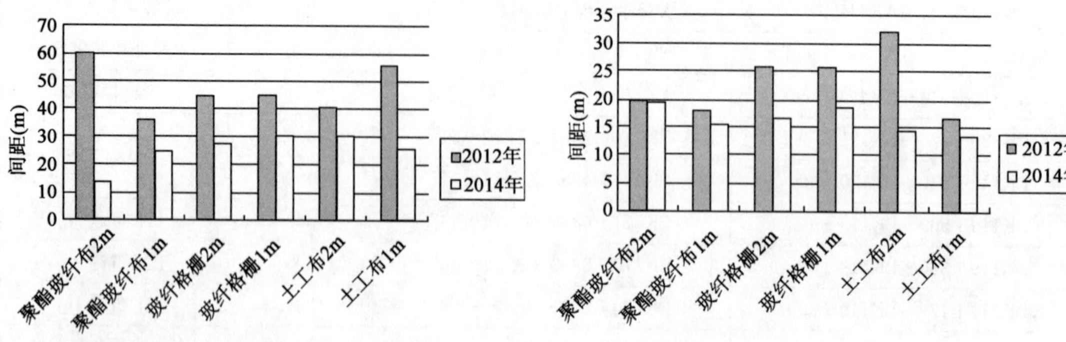

图6.3-1　路段1梧州方向横向裂缝间距

图6.3-2　路段1广州方向横缝间距

由图6.3-2可以看到,在2012年调查时,2m宽土工布防止反射裂缝措施效果比较明显。2014年调查时各措施的差别缩小,2m聚酯玻纤布的处理效果相对较好。

2)路段2裂缝调查

(1)路段2梧州方向

至2012年7月,K109+676～K110+547梧州方向总长度871m路段中,共有横向裂缝13道,平均距离为65m,有3道斜向横缝,最短距离5m。路段共有纵向裂缝1道,总长度15m,发生于主车道中间。横缝间距统计分布如图6.3-3所示。

由图6.3-3可以看到,2012年调查时裂缝间距较大,采用无土工布、土工布、2m聚酯玻纤布作为防止反射裂缝措施效果较好,横向裂缝间距达100m以上;到2014年调查时,采用2m玻纤格栅的防反射裂缝措施效果较好,且与2012年调查结果相比变化不大。

(2)路段2广州方向

至2012年7月,K109+676～K110+547广州方向总长度871m中,共有横向裂缝20道,平均距离为43.6m。路段共有纵向裂缝6道,总长度145m,均发生于主车道左轮迹。广州方向裂缝数量多于梧州方向。横缝间距分布如图6.3-4所示。

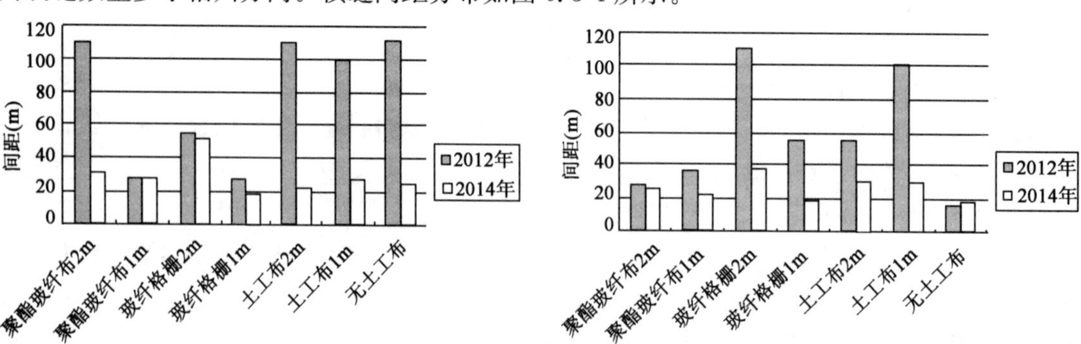

图6.3-3　路段2梧州方向横缝间距

图6.3-4　路段2广州方向横缝间距

由图 6.3-4 可以看到，2012 年调查时，采用 1m 土工布、2m 玻纤格栅作为防止反射裂缝措施效果较好，横向裂缝间距达 100m。2014 年调查时，2m 玻纤格栅作为防止反射裂缝措施效果相对较好。裂缝较多的 2m 聚酯纤维布、无土工布措施路段，2012 年、2014 年调查结果差别较小。

3)路段 3 裂缝调查

(1)路段 3 梧州方向

至 2012 年 7 月，K119＋129～K121＋090 梧州方向总长度 1 961m 中，共有横向裂缝 25 道，平均距离为 72.8m，最大间距 368m，位于挖方段。路段共有纵向裂缝 9 道，总长度 383m，其中最长的一道为 198m，大部分发生于主车道中间，一条发生在超车道。纵向裂缝数量明显高于前面 2 段，且多发于填方路段。横缝间距分布如图 6.3-5 所示。

可以看到，2012 年三种措施处理路段裂缝间距均在 50m 以上，玻纤格栅处理路段裂缝距离达 90m。2014 年调查三种防止反射裂缝措施效果相当，横向裂缝间距均约为 25m。

(2)路段 3 广州方向

至 2012 年 7 月，K119＋129～K121＋090 广州方向总长度 1 961m 中，共有横向裂缝 30 道，平均距离为 55.8m，最大间距 262m 位于填挖交界处。路段共有纵向裂缝 13 道，总长度 592m，其中最长的一道为 198m，大部分发生于主车道靠近路肩位置，一条发生在超车道。纵向裂缝数量明显多于右幅且多发于填方路段。横缝间距分布如图 6.3-6 所示。

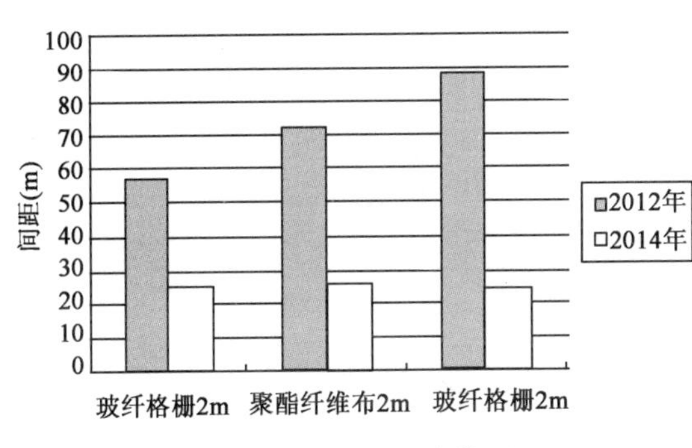

图 6.3-5　路段 3 梧州方向横缝间距

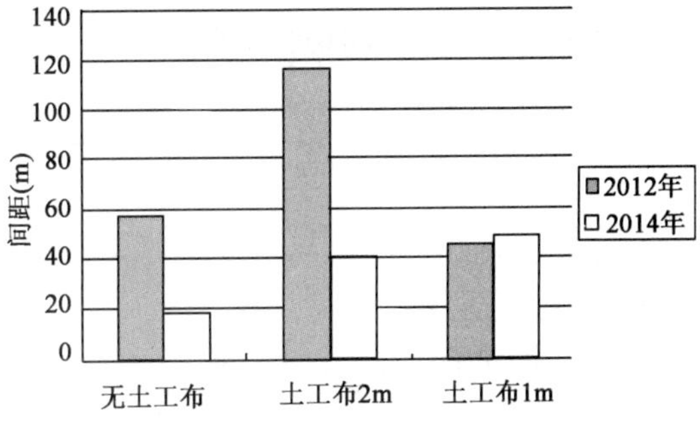

图 6.3-6　路段 3 广州方向横缝间距

可以看到，2012 年调查时，2m 土工布处理路段裂缝间距最大，处理效果相对较好。2014 年调查时，铺设土工布防止反射裂缝的效果明显好于不设土工布，其中采用 1m 宽土工布作为防止反射裂缝措施的路段裂缝间距接近 50m，且两次调查数据稳定。

4)路段 4 裂缝调查

(1)路段 4 梧州方向

至 2012 年 7 月，K121＋090～K122＋056 梧州方向总长度 966m 中，共有横向裂缝 41 道，平均距离为 24m。路段共有纵向裂缝 2 道，总长度 142m，最长的 126m 发生于路肩靠近主车道处，另外一道为 16m 发生在超车道中间。横缝间距分布如图 6.3-7 所示。

可以看到，采用 2m 宽布和 1m 宽聚酯玻纤布作为防止反射裂缝措施时，无论产生的裂缝数量还是裂缝间距均较为接近。与 2012 年调查结果相比，2014 年调查时，横向裂缝间距有较大幅度的缩短。

(2)路段 4 广州方向

至 2012 年 7 月，K121+090～K122+056 广州方向总长度 966m 中，共有横向裂缝 50 道，平均距离为 19.6m。路段共有纵向裂缝 12 道，总长度 685m，最长的 145m 发生于路肩靠近主车道处。横缝间距分布如图 6.3-8 所示。

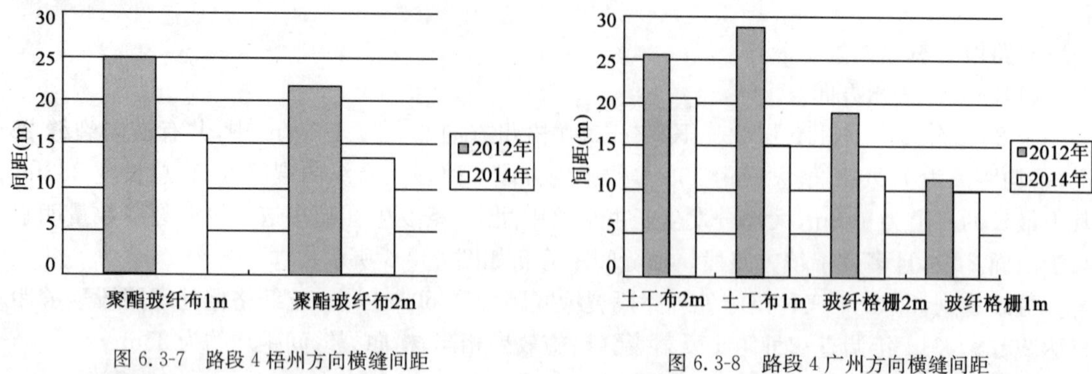

图 6.3-7　路段 4 梧州方向横缝间距

图 6.3-8　路段 4 广州方向横缝间距

可以看到，此段反射裂缝较多，无论是土工布还是玻纤格栅，皆没有起到有效的防止反射裂缝的作用。2m 土工布的处理效果相对较好，2014 年该路段裂缝间距缩短到 20m。

6.3.3　反射裂缝发展的因素分析

1）切缝间距影响

第 4 段设置的不同切缝间距如图 6.3-9 所示。

K122+056　K121+992　K121+908　K121+803　K121+703　K121+603

间隔 8m	间距 12m	间距 15m	间距 20m	间距 10m
10×10=100	8×8=64	12×7=84	15×7=105	20×5=100

图 6.3-9　第 4 段切缝间隔布置图

该路段切缝间距、路段长度、切缝道数、路面横缝数量、裂缝反射率如表 6.3-2 所示。

切缝对横向裂缝的影响　表 6.3-2

切缝间距（m）	路段长（m）	切缝道数（条）	路面横缝数（条）	裂缝反射率（%）	100m 裂缝数（条）	备　注
8	64	8	3	37	4.7	土工布宽 2m
12	84	7	1	14	1.2	
15	105	7	6	86	5.7	
10	100	10	3	30	3	土工布宽 1m
20	100	5	4	80	4	

不同切缝间距，对应有两种防反射裂缝措施，即土工布宽 2m 和 1m。先分两组来讨论切缝间距对横缝发生率的影响。

当土工布铺设宽 2m，切缝间距为 8m、12m、15m 时，12m 切缝间距的路段每 100m 裂缝数约为 1 条，远小于其余路段的 5 条；而且 12m 切缝间距的裂缝反射率也远小于 8m、15m 切缝间距下的反射率。

当土工布铺设宽 1m,切缝间距为 10m、20m 时,10m 切缝间距的路段每 100m 裂缝数约为 3 条,小于 20m 切缝间距路段;即使不切缝的裂缝反射率也小于 20m 切缝间距下的裂缝反射率。

切缝间距小,增加了切缝的数量,也增大了产生反射裂缝的潜在风险。试验路调查结果表明:大切缝间距下,切缝的反射比例明显升高,15m、20m 切缝间距下,几乎所有切缝引发了反射裂缝(20m 切缝间距,5 道切缝,反射了 4 道,15m 切缝间距,7 道切缝反射了 6 道)。当切缝间距为 10m、12m 时,裂缝率相对较低,用二次曲线拟合土工布铺设宽 2m 情况下不同切缝间距与切缝反射率的关系,如图 6.3-10 所示。

图 6.3-10 的回归曲线表明,切缝间距为 11m 时反射裂缝率最小。以切缝反射率/切缝间距作为反射裂缝数量的代表值,采用图 6.3-10 得出的关系式,得到切缝间距与反射裂缝数量代表值的关系如图 6.3-11 所示。从图 6.3-11 可以看出,切缝间距为 11m 时反射裂缝量最少。

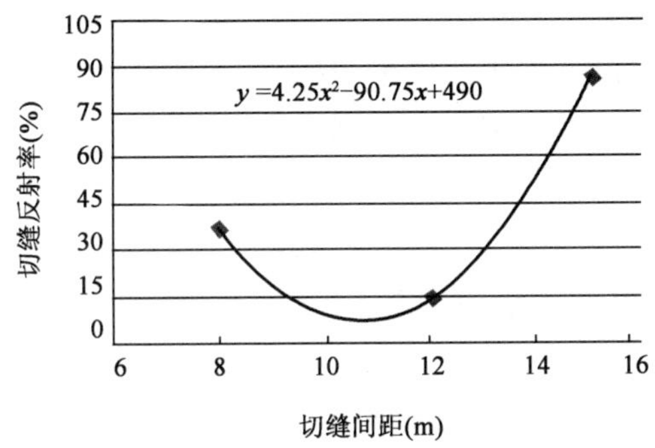

图 6.3-10　切缝间距与切缝反射率的关系

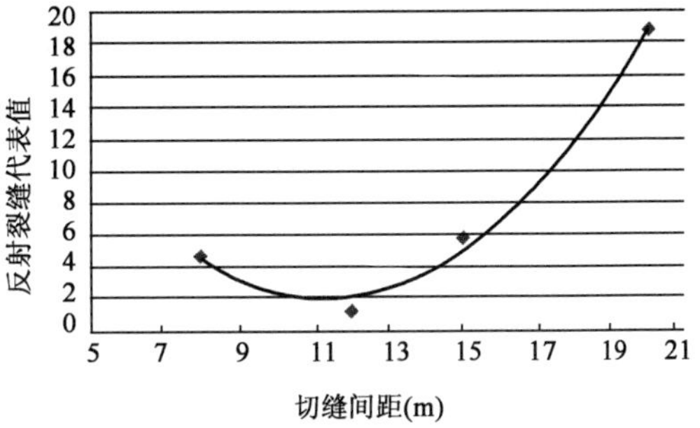

图 6.3-11　切缝间距与反射裂缝数量代表值

2)防反射裂缝措施的影响

综合各措施路段的裂缝情况,防反射裂缝效果排序如图 6.3-12 所示。

由图 6.3-12 可以看到,铺设土工布防止反射裂缝的效果明显好于其他措施,其中采用 2m 宽土工布作为防止反射裂缝措施的效果最好。玻璃格栅处理初期效果较好,但耐久性不够,而聚酯玻纤布处理效果表现一般。

3)交通量的影响

为考察交通量对裂缝产生影响,分广州方向与梧州方向统计各路段的裂缝间距,统计结果如图 6.3-13 所示。

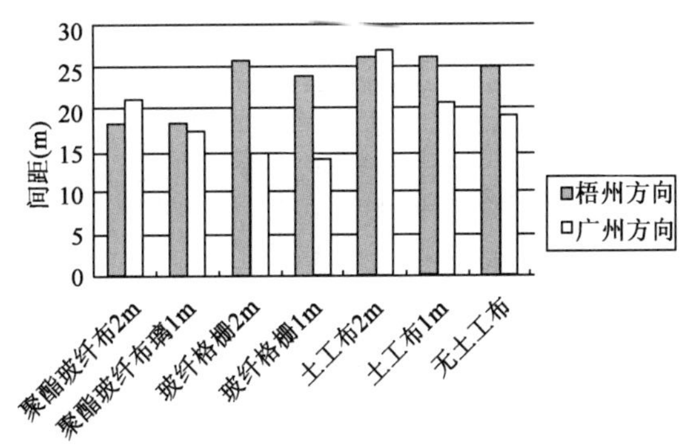

图 6.3-12　防止反射裂缝措施效果

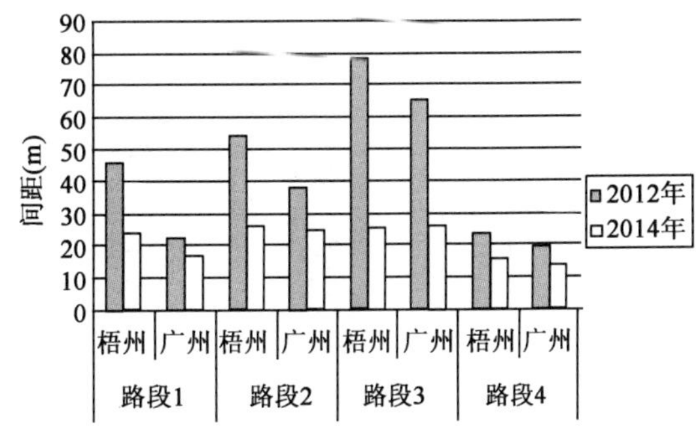

图 6.3-13　试验路分方向裂缝间距

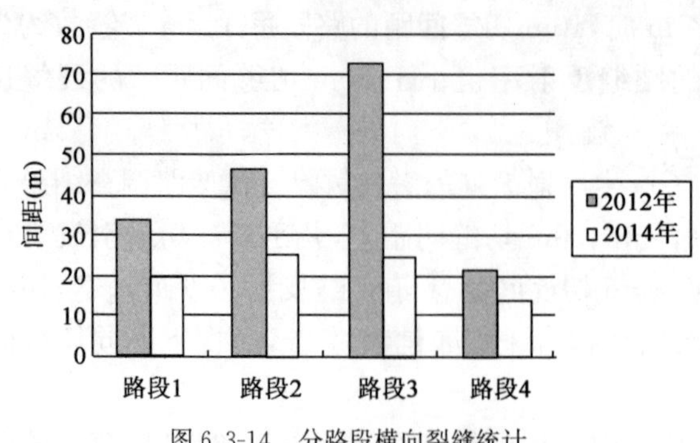

图 6.3-14　分路段横向裂缝统计

广州方向车辆轴载、交通量均大于梧州方向。从裂缝间距来看，广州方向的裂缝间距均小于梧州方向，路段 1 尤为明显。

4)沥青层厚度的影响

为分析沥青层厚度对横向裂缝的影响，分路段统计横向裂缝间距图 6.3-14 所示。

路段 2、路段 3 的路面沥青层厚度为 18cm，而路段 1、路段 4 沥青层厚度为 10cm。2012 年、2014 年调查表明，沥青层厚 18cm 的路段 2、路段 3，其裂缝率明显小于沥青层厚度 10cm 的路段 1、路段 4。

5)延缓反射裂缝的有效措施

根据以上分析，延缓反射裂缝的有效措施为：较厚的沥青层厚度、横向切缝间距 10m、1～2m 土工布贴缝。2012 年 12 月通车的云罗高速碾压混凝土基层沥青路面正式采用 1m 宽土工布的处理措施，通车 2 年来未发现反射裂缝，效果良好。

6.4　试验路路面使用性能

为了对比碾压混凝土基层沥青路面的使用效果，选择了试验段附近的一段(K173＋500～K175＋500)半刚性基层沥青路面进行对比分析。

6.4.1　路面破损

(1)路面破损 PCI 对比

通车后 1 年后，半刚性基层和碾压混凝土基层沥青路面均出现横向裂缝，碾压混凝土基层沥青路面试验段的病害主要是横向裂缝，未发现唧浆等水损坏，半刚性基层沥青路面的病害表现为纵、横裂缝以及修补。

碾压混凝土基层沥青路面试验段与邻近半刚性基层沥青路面的破损状况 PCI 逐年下降(图 6.4-1、图 6.4-2)，碾压混凝土基层沥青路面试验段的破损状况 PCI 相对要低一些，主要是碾压混凝土沥青路面试验段出现了较多的横向裂缝。

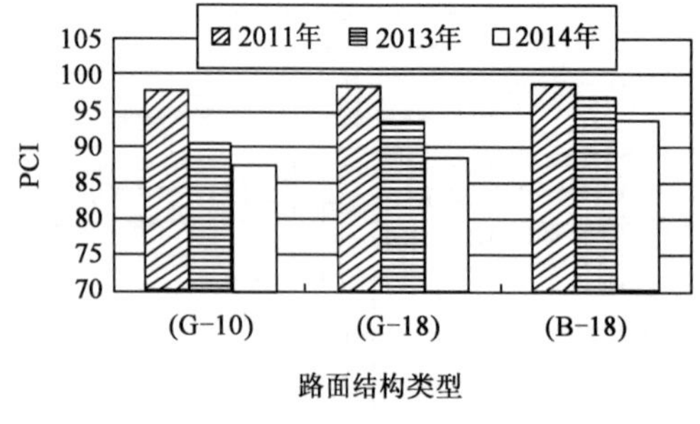

图 6.4-1　路面破损状况 PCI(A 线)

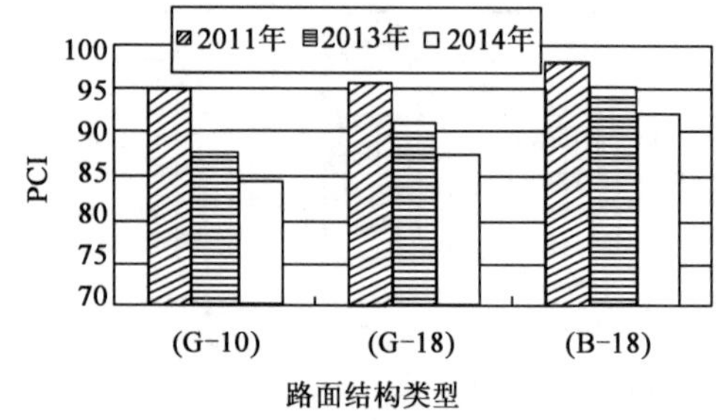

图 6.4-2　路面破损状况 PCI(B 线)

(2)横向裂缝对比

通车 4 年后,G-10 结构沥青路面横向裂缝的平均间距为 23.6m,G-18 结构沥青路面的横向裂缝的平均间距为 41m,而半刚性基层沥青路面 B-18 的横向裂缝平均间距为 108.1m,如表 6.4-1所示。对于刚性基层沥青路面沥青层越薄出现横向裂缝的时间越早、越密;同样沥青层厚度时,刚性基层沥青路面横向裂缝的数量较半刚性基层多,说明基层强度越高,收缩越大,裂缝出现的时间越早,裂缝越多。

碾压混凝土基层与半刚性基层沥青路面裂缝对比　　表 6.4-1

路段及结构编号	桩　号	长度(km)	横向裂缝条数(条)				平均裂缝间距(m)			
			2011 年	2012 年	2013 年	2014 年	2011 年	2012 年	2013 年	2014 年
试验段 1(G-10)	K158+300～K159+300	2.0	3	12	70	85	666.7	166.7	28.6	23.6
试验段 2(G-18)	K161+200～K162+070	1.74	1	8	33	42	1 740.0	217.5	52.7	41.0
一般路段(B-18)	K173+500～K175+500	4.0	2	6	28	37	2 000.0	666.7	142.9	108.1

(3)路面车辙深度对比

检测结果显示:各路段路面车辙深度总体上保持在 5mm 左右(图 6.4-3、图 6.4-4),碾压混凝土基层沥青路面试验段的车辙状况比一般路段好,说明碾压混凝土基层沥青路面具有较优的抗车辙性能。

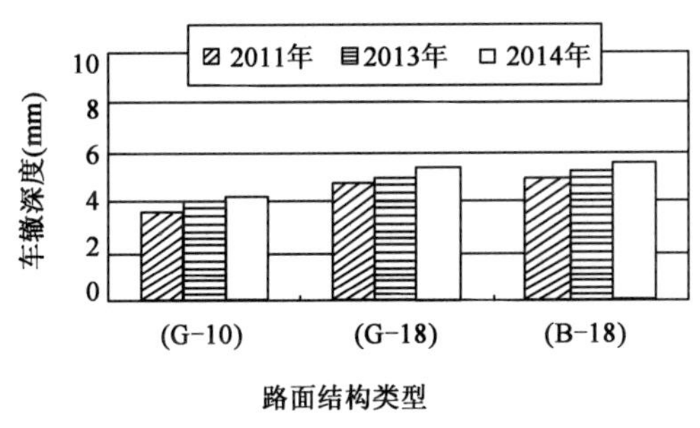

图 6.4-3　路面车辙深度对比(A 线)

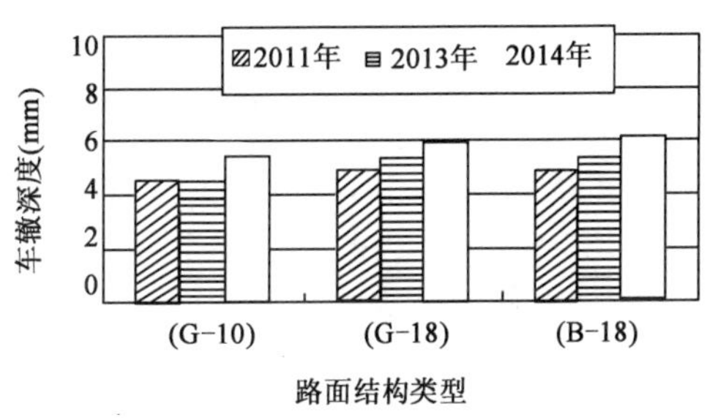

图 6.4-4　路面车辙深度对比(B 线)

6.4.2　路面平整度

随着通车时间的增长,各路段路面国际平整度指数 IRI 呈逐年衰减的趋势,到 2014 年,一般路段沥青路面 IRI 平均值为 1.4m/km(图 6.4-5)。而两段碾压混凝土基层沥青路面试验段的 IRI 分布在 1.0～1.4m/km,比一般路段的平整度好,说明碾压混凝土基层沥青路面试验段行驶质量优良。如图 6.4-5 所示。

6.4.3　路面结构强度

通车时,碾压混凝土基层沥青路面的弯沉值较小,弯沉代表值的最大值仅为 6.5(0.01mm),

明显低于一般半刚性基层沥青路面弯沉，4 年后，碾压混凝土基层和半刚性基层沥青路面的弯沉均有所增大，但碾压混凝土基层沥青路面的总体刚度仍强于传统的半刚性基层沥青路面，如图 6.4-6 所示。

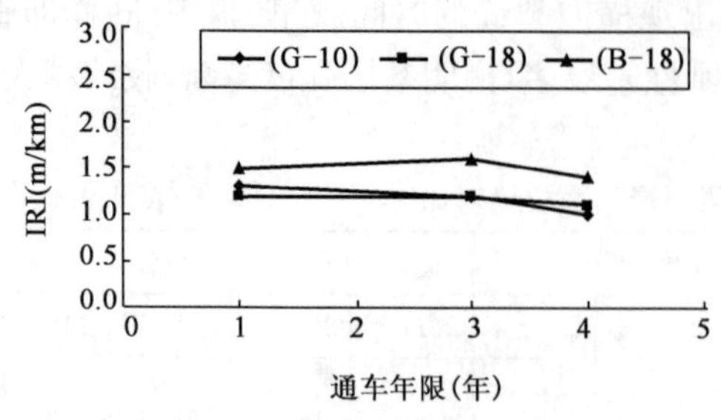

图 6.4-5　不同结构沥青路面 IRI 衰减对比

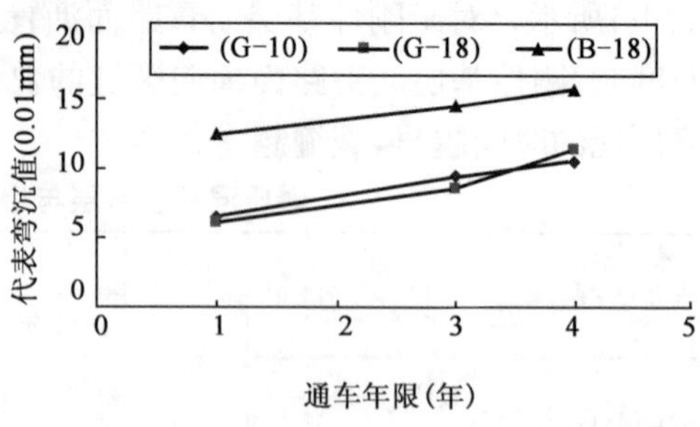

图 6.4-6　不同结构沥青路面结构强度衰减对比

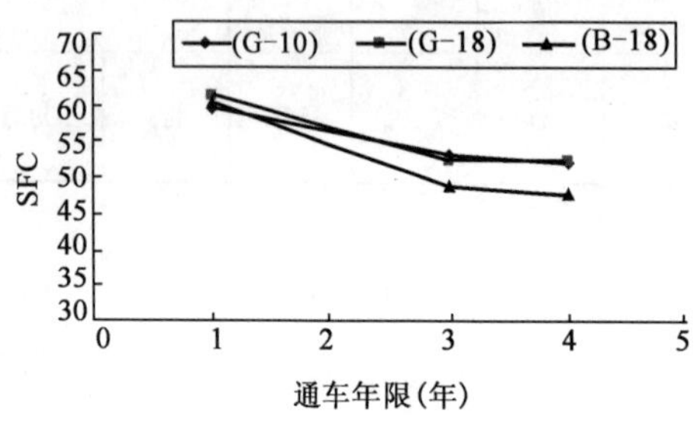

图 6.4-7　不同结构路面抗滑性能衰减对比

6.4.4　路面抗滑性能

检测结果显示：通车前 3 年，不论是半刚性基层沥青路面还是碾压混凝土基层沥青路面，其横向力系数衰减均较快，第 4 年与第 3 年的数据相比，试验段与一般路段的路面横向力系数均趋于稳定，一方面也说明路面横向力系数在通车前几年衰减较快，然后趋于稳定，另一方面说明路面表层的抗滑性能与基层的关系不大，如图 6.4-7 所示。

6.4.5　路面使用性能调查小结

①云梧高速公路碾压混凝土基层沥青路面试验段的主要病害是横向裂缝，但没有唧浆等水损害，相邻半刚性基层沥青路面的主要病害为裂缝、坑槽修补等。

②通车 4 年后，云梧高速公路碾压混凝土基层沥青路面试验段的车辙状况和行驶质量均比相邻段半刚性基层沥青路面较优，且碾压混凝土基层沥青路面的总体刚度要强于传统的半刚性基层沥青路面。

③在通车前 3 年，碾压混凝土基层和半刚性基层沥青路面的横向力系数均衰减较快，然后趋于稳定，并且衰减速度类似，说明路面表层的抗滑性能与基层类型的关系不大。

④对比结果表明：在湿热地区碾压混凝土基层沥青路面具有较优的使用性能，但该路段目前通车仅 4 年多，路面长期使用性能还有待时间的进一步检验。

6.5　碾压混凝土基层沥青路面经济性

为便于碾压混凝土基层沥青路面结构的推广应用，将新式碾压混凝土基层沥青路面与传统的半刚性基层沥青路面、PCC＋AC 复合式路面、组合式基层沥青路面以及柔性基层沥青路面等不同路面结构的经济性进行了对比分析。

6.5.1 连续拌和式碾压混凝土基层单价分析

(1)拌和费用

采用徐工 XC-500 连续式水稳拌和楼拌制碾压混凝土混合料，平均每小时产量约为 350t，相比生产水泥稳定碎石基层混合料(可达 500t/h)，拌和楼功效降低了约 30%，拌和楼台班费按 15 000 元/台班计算，平均每拌和 1t 碾压混凝土混合料需增加拌和费用为：

$$\frac{15\,000}{8\times350}-\frac{15\,000}{8\times500}=5.36-3.75=1.61(\text{元/t})$$

(2)摊铺费用

为保证摊铺成型碾压混凝土具有较高的初始压实密度，摊铺速度需控制在 1m/min 左右，相比摊铺水泥稳定碎石基层混合料(摊铺速度一般控制在 2m/min 左右)，摊铺机的功效降低了约 50%，两台摊铺机的台班费用按 10 000 元/台班计算，平均每摊铺 1t 碾压混凝土混合料需增加的摊铺费用为：

$$\frac{10\,000}{8\times1\times60\times10\times0.24\times2.4}-\frac{10\,000}{8\times2\times60\times10\times0.24\times2.4}$$
$$=3.62-1.81=1.81(\text{元/t})$$

(3)碾压费用

碾压混凝土基层至少需配备一台双钢轮振动压路机及一台单钢轮振动压路机进行碾压，相比碾压水泥稳定碎石基层(一般配备两台单钢轮振动压路机)，压路机数量相同，但功效也相应地降低了 50%，两台压路机的台班费用按 8 000 元/台班计，平均每碾压 1t 碾压混凝土混合料需增加碾压费用为：

$$\frac{8\,000}{8\times1\times60\times10\times0.24\times2.4}-\frac{8\,000}{8\times2\times60\times10\times0.24\times2.4}$$
$$=2.89-1.45=1.44(\text{元/t})$$

(4)材料费用

碾压混凝土混合料每压实方水泥用量为 240kg/2.4t=100kg/t，而水泥稳定碎石基层混合料每吨水泥用量约为 50kg/t，因此 1t 碾压混凝土混合料需增加水泥费用分别如下：

结构 1(1 号配合比)，碾压混凝土基层采用 425 号普通硅酸盐水泥，水泥稳定碎石基层采用 325 号复合硅酸盐水泥：

$$\frac{100}{1\,000\times450}-\frac{50}{1\,000\times380}=45-19=26(\text{元/t})$$

结构 2(2 号配合比)，碾压混凝土基层及水泥稳定碎石基层均采用 325 号复合硅酸盐水泥：

$$\frac{100}{1\,000\times380}-\frac{50}{1\,000\times380}=38-19=19(\text{元/t})$$

此外，结构 1(1 号配合比)碾压混凝土基层采用面层级配，其 10～30mm 用量为 8%、10～20mm 用量为 50%，两档粗集料的用量非常不对等；而 2 号配合比采用基层级配，其 10～30mm 用量为 20%、10～20mm 用量为 37%，两档粗集料的用量相对较对等。因此 1 号配合比相比 2 号配合比来说，有近 35%的 10～20mm 需单独加工，而单独加工的 10～20mm 碎石每立方米(松方)增加成本费用 20 元，则结构 1(采用 1 号配合比)每压实方单价需增加为：

$$20\times1.4\times35\%=9.8(\text{元}/\text{m}^3)$$

因此，结构1(1号配合比)，采用面层级配，碾压混凝土基层相比水泥稳定碎石基层，1t混合料需增加的碎石加工费用为：

$$\frac{9.8}{2.45}=4.00(\text{元}/\text{t})$$

结构2(2号配合比)，采用基层级配，碾压混凝土混合料相比水泥稳定碎石基层不增加碎石加工费用。

(5)养生费用

碾压混凝土基层养生与水泥稳定碎石基层养生工艺差不多，都是采用先洒水一遍后覆盖塑料薄膜，但碾压混凝土前3d需专门配备一台水车向薄膜内补灌水分，3d的工作量大约3×8×350=8 400t，一台水车的台班费用按2 000元/台班计算，则1t碾压混凝土混合料需增加养生费用为：

$$\frac{2\,000}{8\,400}=0.24(\text{元}/\text{t})$$

(6)切缝、灌缝及接缝处理费用

碾压混凝土基层切缝、灌缝费用约需8元/m(灌普通沥青)，接缝处理按每米接缝铺设2m^2浸油土工布、单价按12.5元/m^2计算，则切缝、灌缝及接缝处理费用为33元/m，若碾压混凝土基层统一按切横缝间距为10m、单幅切一条纵缝、基层宽度为10.5m、厚度为20cm计算，则每1t碾压混凝土基层需增加切缝、灌缝及接缝处理费用为：

$$\frac{(10.5+10)\times33}{10.5\times10\times0.2\times2.45}=13.1(\text{元}/\text{t})$$

(7)总计费用

综上所述，碾压混凝土基层相比水泥稳定碎石基层每吨需增加费用：

结构1：

$$1.61+1.81+1.44+26+4.00+0.24+13.1=(48.2\text{元}/\text{t})$$

结构2：

$$1.61+1.81+1.44+19+0.00+0.24+13.1=(37.2\text{元}/\text{t})$$

换算成每立方米需增加费用为：

结构1：

$$48.2\text{元}/\text{t}\times2.45\text{t}/\text{m}^3=118.1(\text{元}/\text{m}^3)$$

结构2：

$$37.2\text{元}/\text{t}\times2.45\text{t}/\text{m}^3=91.1(\text{元}/\text{m}^3)$$

即24cm厚单价为：

$$\left(\frac{41.17}{0.18}+118.1\right)\times0.24=83.24(\text{元}/\text{m}^2)$$

18cm厚单价为：

$$\left(\frac{41.17}{0.18}+91.1\right)\times0.18=57.57(\text{元}/\text{m}^2)$$

6.5.2 不同路面结构方案的造价对比分析

将本次试验路的新式碾压混凝土基层沥青路面结构1、结构2，与原半刚性基层、传统的复合式面层方案，以及最新的组合式基层、柔性基层沥青路面方案工程造价进行了对比分析。计算时以双幅 1km 为单位(路面宽度取单幅 10.5m)，各结构方案的透层、封层、黏层造价不考虑在内，不同类型结构层的单价以综合单价表示，造价对比分析结果见表 6.5-1～表 6.5-4。

(1)与原设计的半刚性基层沥青路面结构对比

每公里路面造价对比分析表(半刚性基层) 表 6.5-1

结构层次	路面结构 1(24cm RCC+10cm 沥青层)			路面结构 2(18cm RCC+18cm 沥青层)			原设计(半刚性基层+18cm 沥青层)		
	结构类型	单价(元/m²)	造价(万元)	结构类型	单价(元/m²)	造价(万元)	结构类型	单价(元/m²)	造价(万元)
上面层	4cm AC-13C	64	134.4	4cm AC-13C	64	134.4	4cm AC-13C	64	134.4
中面层	6cm AC-20C	71.89	151.0	6cm AC-20C	71.89	151.0	6cm AC-20C	71.89	151.0
下面层	—	—	—	8cm AC-25C	82	172.2	AC-25C	82	172.2
上基层	24cm RCC	83.24	174.8	18cm RCC	57.57	120.9	18cm CGA	41.17	86.5
下基层	20cm CGA	45.74	96.1	18cm CGA	41.17	86.5	18cm CGA	41.17	86.5
底基层	20cm CGA	39.58	83.1	20cm CGA	39.58	83.1	20cm CGA	39.58	83.1
合计	—	—	691.4	—	—	800.1	—	—	765.7
增加(%)	—	—	−9.7%	—	—	+4.5%	—	—	—

(2)与传统的复合式路面结构对比

每公里路面造价对比分析表(复合式路面) 表 6.5-2

结构层次	路面结构 1(24cm RCC+10cm 沥青层)			路面结构 2(18cm RCC+18cm 沥青层)			复合式路面(26cm PCC+10cm 沥青层)		
	结构类型	单价(元/m²)	造价(万元)	结构类型	单价(元/m²)	造价(万元)	结构类型	单价(元/m²)	造价(万元)
上面层	4cmAC-13C	64	134.4	4cm AC-13C	64	134.4	4cm AC-13C	64	134.4
中面层	6cm AC-20C	71.89	151.0	6cm AC-20C	71.89	151.0	6cm AC-20C	71.89	151.0
下面层	—	—	—	8cm AC-25C	82	172.2	26cm 面板	155.09	325.7
上基层	24cm RCC	83.24	174.8	18cmRCC	57.57	120.9	18cm CGA	41.17	86.5
下基层	20cm CGA	45.74	96.1	18cm CGA	41.17	86.5	—	—	—
底基层	20cm CGA	39.58	83.1	20cm CGA	39.58	83.1	20cm CGA	39.58	83.1
合计	—	—	691.4	—	—	800.1	—	—	832.7
增加(%)	—	—	−17.0%	—	—	−3.9%	—	—	—

(3)与组合式基层沥青路面结构对比

每公里路面造价对比分析表(组合式基层) 表 6.5-3

结构层次	路面结构 1(24cmRCC+10cm 沥青层)			路面结构 2(18cmRCC+18cm 沥青层)			组合式基层沥青路面(28cm 沥青层)		
	结构类型	单价(元/m²)	造价(万元)	结构类型	单价(元/m²)	造价(万元)	结构类型	单价(元/m²)	造价(万元)
上面层	4cm AC-13C	64	134.4	4cm AC-13C	64	134.4	4cm AC-13C	64	134.4
中面层	6cm AC-20C	71.89	151.0	6cm AC-20C	71.89	151.0	6cm AC-20C	71.89	151.0
下面层	—	—	—	8cm AC-25C	82	172.2	8cm AC-25C	82	172.2

续上表

结构层次	路面结构 1(24cmRCC+10cm 沥青层)			路面结构 2(18cmRCC+18cm 沥青层)			组合式基层沥青路面(28cm 沥青层)		
	结构类型	单价(元/m²)	造价(万元)	结构类型	单价(元/m²)	造价(万元)	结构类型	单价(元/m²)	造价(万元)
上基层	24cm RCC	83.24	174.8	18cm RCC	57.57	120.9	10cm ATB-25	77.46	162.7
下基层	20cm CGA	45.74	96.1	18cm CGA	41.17	86.5	20cm CGA	45.74	96.1
底基层	20cm CGA	39.58	83.1	20cm CGA	39.58	83.1	20cm CGA	39.58	83.1
合计	—	—	691.4	—	—	800.1	—	—	851.5
增加(%)	—	—	−18.8%	—	—	−6.0%	—	—	—

(4)与柔性基层沥青路面结构对比

每公里路面造价对比分析表(柔性基层)　　表 6.5-4

结构层次	路面结构 1(24cm RCC+10cm 沥青层)			路面结构 2(18cm RCC+18cm 沥青层)			柔性基层沥青路面(38cm 沥青层)		
	结构类型	单价(元/m²)	造价(万元)	结构类型	单价(元/m²)	造价(万元)	结构类型	单价(元/m²)	造价(万元)
上面层	4cm AC-13C	64	134.4	4cm AC-13C	64	134.4	4cm AC-13C	64	134.4
中面层	6cm AC-20C	71.89	151.0	6cm AC-20C	71.89	151.0	6cm AC-20C	71.89	151.0
下面层	—	—	—	8cm AC-25C	82	172.2	8cm AC-25C	82	172.2
上基层	24cm RCC	83.24	174.8	18cm RCC	57.57	120.9	10cm ATB-25	77.46	162.7
下基层	20cm CGA	45.74	96.1	18cm CGA	41.17	86.5	10cm ATB-25	77.46	162.7
底基层	20cm CGA	39.58	83.1	20cm CGA	39.58	83.1	36cm 级配碎石	64.4	135.2
合计	—	—	691.4	—	—	800.1	—	—	970.2
增加(%)	—	—	−28.7%	—	—	−17.5%	—	—	—

从上表的计算分析，可以得出以下结论：

①相比原设计的半刚性基层沥青路面，本次试验路的碾压混凝土基层沥青路面结构1(24cm RCC+10cm 沥青层)工程造价降低了 9.7%，而结构 2(18cm RCC+18cm 沥青层)则增加了 4.5%。

②与传统的白+黑复合式路面结构(26cm PCC+10cm 沥青层)相比，碾压混凝土基层沥青路面结构 1 工程造价降低了 17.0%，而结构 2 则降低了 3.9%。

③与组合式基层沥青路面结构(10cmATB 基层+18cm 沥青面层)相比，碾压混凝土基层沥青路面结构 1 工程造价降低了 18.8%，而结构 2 则降低了 6.0%。

④与柔性基层沥青路面结构(20cm ATB 基层+18cm 沥青面层)相比，碾压混凝土基层沥青路面结构 1 工程造价降低了 28.7%，而结构 2 则降低了 17.5%。

综上所述，采用碾压混凝土基层沥青路面结构，其一次性工程造价具有较好的经济优势。当然，要了解该路面结构的长期使用性能和全寿命周期费用分析，还有待于对试验路的进一步观测和研究。

6.5.3　碾压混凝土基层沥青路面全寿命费用分析

碾压混凝土基层沥青路面在新建投资上具有较大优势，下面从全寿命周期费用角度考察一下碾压混凝土基层沥青路面的经济性。由于缺少碾压混凝土基层沥青路面长期使用性能观测的数据，本次只做简单定性的分析，路面全寿命周期费用如表 6.5-5 所示。

路面寿命周期内的费用组成　　表 6.5-5

费用分类	费用组成		费用说明
建设费用	初建费		按设计文件和规范修建路面所需费用
	日常养护费用		日常保养和修补费用
	保护性养护费用		为延迟路面损坏而采取的养护措施费用
	大中修费用		为恢复路面性能而采取的养护维修费用
	措施残值		分析期末路面残存的价值
用户费用	车辆运营费	油耗费	车辆行驶消耗燃油费用
		轮耗费	车辆行驶消耗轮胎费用
		保修材料费	维持车辆行驶所需维修材料费用
	延误费		养护维修活动导致的车辆延误费用
	行程时间费		车辆行驶所消耗的时间价值

(1)日常养护费用计算

日常养护费用的大小取决于养护水平的高低，而养护水平同路面的使用性能密切相关，养护水平高，所需的日常养护费用就高，使用性能可维持在较高的水平上；相反，养护水平低，所需的日常养护费用就低，路面损坏就比较快，导致养护维修费用以及用户费用的增加。把每年的日常养护费用估算方法见式(6.5-1)：

$$MC = 0.34 + 3.44 \times 10^{-6} \times (100 - PCI) \times AADT \tag{6.5-1}$$

式中：MC——寿命周期内或分析期内总的日常养护费用(元/m^2)；

PCI——路面状况指数；

AADT——日交通量。

依据试验路检测结果，日交通量达 5 000 辆/日时历年养护费用估算见表 6.5-6。

日常养护费用估算(元/m^2)　　表 6.5-6

路段 ＼ 年份(年)	2011	2013	2014
半刚性沥青路面	0.36	0.39	0.45
RCC 试验路 G-10	0.47	0.54	0.62
RCC 试验路结构二	0.47	0.47	0.60

可以看出，由于裂缝较多碾压混凝土路段的日常养护费用高于半刚性沥青路面，高出比例为 20%～30%。

(2)用户费用计算

高速公路用户费用最主要的是 100km 油耗，路面平整度差行车油耗越大。世界银行建议的油耗模型见式(6.5-2)：

$$FL = a + b \cdot IRI \tag{6.5-2}$$

式中：FL——车辆油耗；

a,b——车辆系数，对小汽车分别取 9.78、0.182，对重型车分别取 23、0.43，对重型车分别取 35、0.89；

IRI——国际平整度指数。

依据检测结果，通车以来各路段的平均油耗见表 6.5-7。

各路段分车型平均 100km 油耗(L)　　表 6.5-7

路　段	小　汽　车	中　型　车	大　型　车
半刚性沥青路面	10.0	23.6	36.2
RCC 试验路结构一	9.9	23.3	35.7
RCC 试验路结构二	9.7	23.1	35.1

碾压混凝土基层沥青路面结构的路段可以降低 3%左右的用户油耗。

(3)大中修费用计算

在路面 PCI 降低到最低可接受水平时，路面需要大中修将路面使用性能提升到优良水平，见图 6.5-1。

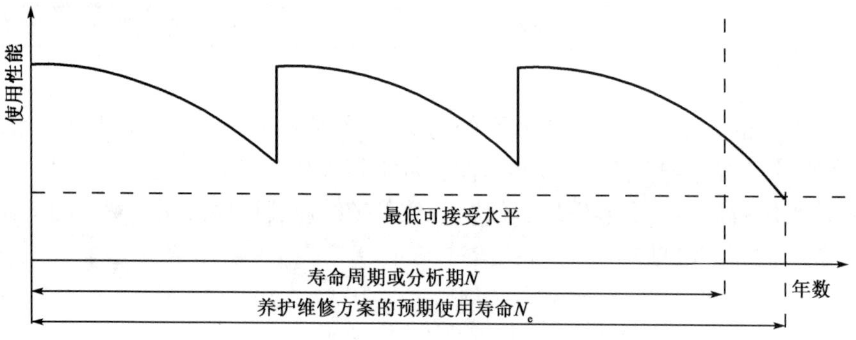

图 6.5-1　路面寿命周期计算示意图

常规的半刚性基层沥青路面大修需要对基层强度补强；而碾压混凝土基层沥青路面结构的使用经验、室内试验结果均表明碾压混凝土基层具有优良的耐久性，大修时只需要对沥青面层进行铣刨加铺。因此，碾压混凝土基层沥青路面结构大修时可以免去半刚性基层材料的费用。4%水泥稳定碎石采用 160 元/m^3 单价，18cm 厚半刚性基层节约费用估算约 28.8 元/m^2。

(4)周期费用

以日交通量 10 000 辆/日为基准，依据试验路检测数据，以 8 年为大修周期，依据上述方法估算的周期建造、养护、大修费用如表 6.5-8 所示。

建设周期费用估算(元/m^2)　　表 6.5-8

路　段	建造费用	日常养护费用	大修		费用汇总
			基层费用	面层费用	
RCC 结构一	304	13	0	130	447
RCC 结构二	356	11	0	130	497
半刚性基层	340	9	28	130	507

从建设费用估算情况看，RCC 结构一(10cm AC＋24cm RCC)周期费用最低，RCC 结构二(18cm AC＋18cm RCC)稍小于半刚性基层结构的周期费用。

从用户费用看，碾压混凝土基层沥青路面结构的路段可以降低 3%左右的养护油耗。

第 7 章　碾压混凝土基层沥青路面应用示范工程

新式碾压混凝土基层沥青路面自 2009 年在广东云梧高速公路成功修筑 10km 的试验路段并取得良好的使用效果后，在广东省云浮罗定高速公路、梅州至大埔高速公路、乐昌至广州高速公路等高速公路上推广使用，目前在广东省内的推广里程近 300km。

7.1　云罗高速公路碾压混凝土基层沥青路面

7.1.1　云罗高速公路项目概况

广东云浮（双凤）至罗定（榃滨）高速公路（以下简称云罗高速）工程起于云浮市郁南县东坝镇双凤管理区，北接广梧高速公路河口至双凤段，经郁南县和罗定市，止于广东和广西两者交界处的罗定市榃滨镇，与罗岑高速公路（广西段）相连，主线路线全长 65.539km。分两期建设，其中双凤至双东为一期工程，2012 年 12 月建成通车，双东至榃滨段为二期工程，2013 年 12 月 28 日建成通车。

主线 K0＋763～K40＋440 路段、双凤枢纽互通立交、华石枢纽互通立交匝道采用复合式基层沥青混凝土路面，即碾压混凝土基层上设置沥青混凝土面层；主线 K40＋440～K66＋302 路基段变更为复合式基层两层式沥青混凝土路面，即碾压混凝土基层上设置两层（5cm＋7cm）沥青混凝土面层，而 K40＋440～K66＋302 桥面段采用两层式沥青混凝土桥面铺装，即在桥面防水层上设置两层（5cm＋5cm）沥青混凝土面层。云罗高速公路路面结构如图 7.1-1所示。

云罗一期路面结构	云罗二期路面结构
4cm GAC-13C 改性沥青混凝土	5cm GAC-16C 改性沥青混凝土
6cm GAC-20 改性沥青混凝土	7cm GAC-20 改性沥青混凝土
8cm GAC-25 沥青混凝土	—
封层（6mm 改性沥青＋瓜米石封层）	封层（6mm 改性沥青＋瓜米石封层）
24cm 碾压混凝土基层	24cm 碾压混凝土基层
18cm 4%～5% 水泥稳定碎石	18cm 4%～5% 水泥稳定碎石
18cm 3%～4% 水泥稳定碎石	18cm 3%～4% 水泥稳定碎石
厚 20cm 碎石垫层	厚 20cm 碎石垫层

图 7.1-1　云罗高速公路路面结构

本项目主线采用高速公路标准，设计速度 100km/h，其中项目起点至华石立交路段按双向四车道标准设计，标准路基宽度为 26m；华石立交至项目终点路段按双向六车道标准设计，标准路基宽度为 33.5m，见表 7.1-1。

云罗高速公路沥青路面设计标准　　表 7.1-1

设计标准	设计年限(年)	设计弯沉(mm)	标准轴载	设计时速(km/h)	设计年限内一个车道的累计当量标准轴次(万次)	自然区划
高速公路	15	—	BZZ-100	100/120	双凤至华石 2 040；华石至省界 2 400	IV_6

7.1.2　碾压混凝土基层设计及施工情况

1)基层碾压混凝土配合比设计

(1)原材料试验

试验采用的水泥来源于施工现场，为广东广信青洲水泥有限公司生产的金鹰牌 P.C32.5 复合硅酸盐水泥；粗细集料来源于茅坪石场，河砂为西江砂，原材料取样于施工单位料场。

试验所用水泥取自施工现场，为广东广信青洲水泥有限公司生产的金鹰牌 P.C32.5 复合硅酸盐水泥，水泥强度等级 32.5，水泥各项检测指标见表 7.1-2。

水泥各项检测指标　　表 7.1-2

项　目	凝结时间(min)		3d 强度指标(MPa)		28d 强度指标(MPa)		安定性
	初凝	终凝	抗压	抗弯拉	抗压	抗弯拉	
测试值	253	330	25.9	6.2	43.7	9.7	合格
要求指标	≥180	—	≥17.0	≥3.5	≥42.5	≥6.5	

本试验所用粗细集料、石屑来源于茅坪石场，河砂为西江砂，检测结果见表 7.1-3、表 7.1-4。

粗细集料检测结果　　表 7.1-3

检测项目	粗集料			细集料		
	10～20	5～10	设计要求	0～5	砂	设计要求
表观密度(kg/m³)	2 710	2 726	>2 500	2 725	2 652	>2 500
含泥量(%)	0.6	0.6	<1.5	—	0.4	≤3
砂当量	—	—	—	72	—	≥60
坚固性(%)	2	2	<8	—	4	<10
硫化物及硫酸盐含量(%)	0.06	0.06	<1.0	—	0.06	<0.5
吸水率(%)	0.37	0.58	—	3.02	—	—
压碎指标值(%)	11.2		<15	—		
针片状含量(%)	15.0	17.9	<15			

注：压碎值指标是采用集料规范方法得到压碎值，再根据规范推荐公式换算成压碎值指标而得到。

各档集料筛分结果

表 7.1-4

集料类别 \ 筛孔尺寸	通过下列筛孔的质量百分率(%)										
	26.5	19	16	13.2	9.5	4.75	2.36	1.18	0.6	0.3	0.15	0.075
10～20mm	100	90.3	68.2	49.8	11.5	0.7	0.6	0.6	0.6	0.6	0.6	0.6
5～10mm	100	100	100	100	96.4	2.7	0.7	0.6	0.6	0.6	0.6	0.6
0～5mm	100	100	100	100	100	92.9	67.8	53.7	37.3	24.1	18.1	14.8
砂	100	100	100	100	100	94.1	89.1	72.2	45.5	20.4	2.9	1.2

注:砂的细度模数为 2.62,为中砂。

(2)碾压混凝土混合料级配设计

按照集料级配最大密度曲线理论,结合施工图设计文件要求,根据本项目粗细集料的实际情况,选择的合成级配如表 7.1-5 和图 7.1-2 所示。

碾压混凝土基层粗细集料合成级配

表 7.1-5

筛孔尺寸(mm)	通过下列筛孔的质量百分率(%)												
	31.5	26.5	19	16	13.2	9.5	4.75	2.36	1.18	0.6	0.3	0.15	0.075
上限	100	100	100	100	94	74	56	47	37	25	15	10	3
下限	100	97	90	80	55	44	35	27	19	10	5	3	0
中值	100	98.5	95	90	74.5	59	45.5	37	28	17.5	10	6.5	1.5
合成级配	100	100	95.5	85.4	76.9	58.8	38.2	33.2	26.8	17.5	9.0	3.5	2.6

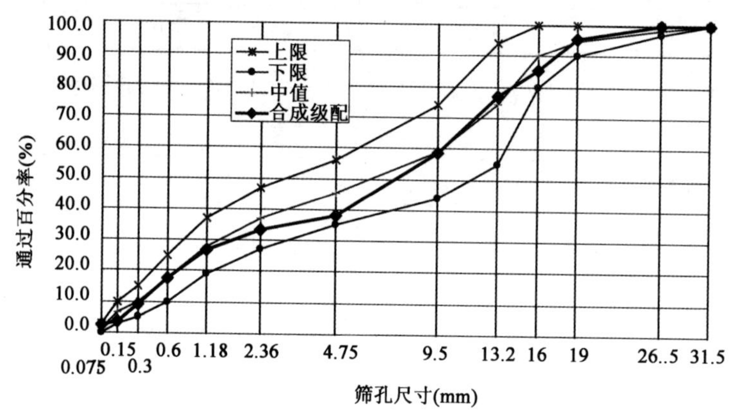

图 7.1-2　碾压混凝土集料合成级配曲线

(3)配合比设计结果

选定的配合比为 10～20mm 碎石∶5～10mm 碎石∶0～5mm 石屑∶砂＝46∶14∶13∶27,四档材料用量总和为 2 148kg/m³,水泥用量 240kg/m³,用水量 122kg/m³,碾压混凝土成型压实度为 97%。配制的碾压混凝土各项指标试验结果见表 7.1-6,各项指标均符合《广东云浮(双凤)至罗定(榃滨)高速公路工程路面施工图设计》及《公路水泥混凝土路面施工技术规范》(JTG

F30—2003)技术要求。

碾压混凝土试验结果　　表7.1-6

检测项目	28d抗弯拉强度(MPa)	28d抗压强度(MPa)	改进VC值(s)	试样表面评分
设计要求	3.00	16	25～45	4～5
配制要求	3.91	20	25～45	4～5
实测结果	4.04	27.8	26	5

2)云罗高速公路碾压混凝土施工工艺概况

(1)施工机械配置

①拌和设备:配备两台水泥稳定碎石混凝土拌和设备,分别为徐工产XC500型(2号机)和西筑产WBS500型(1号机)连续式水稳拌和楼,额定生产功率均为500t/h。

②摊铺设备:采用2台(徐工RP951、RP952)摊铺机前后错开5～10m梯队摊铺作业。

③碾压设备:配置2台派克CC522型双钢轮振动压路机(13t)、2台中联YZ20R型单钢轮压路机(20t)。

④运输设备:配备大约20台载质量25t以上的重型自卸车进行混合料运输。

⑤其他设备:洒水车1台,装载机6台,其中后场5台,前场1台。

(2)机械配置合理性评价

从碾压混凝土施工前、后场的生产情况来看,施工单位配置的拌和、摊铺、碾压设备均能够满足正常施工生产的要求。

(3)现场摊铺、碾压施工评价

碾压混凝土上基层摊铺采用2台水泥稳定土摊铺机间距5～10m成梯队进行摊铺作业;碾压工艺见表7.1-7。

碾压混凝土基层碾压工艺　　表7.1-7

工序	压实机械组合	碾压工艺顺序及遍数	碾压速度(km/h)
初压	13t双钢轮压路机	静压1遍	1.5～2.5
复压	13t双钢轮压路机	小振1遍	2～3
	20t单钢轮压路机	大振1遍	
	20t单钢轮压路机	小振2遍	
终压	13t双钢轮压路机	小振1遍	3～4

7.1.3　碾压混凝土基层铺筑及使用效果

(1)碾压混凝土基层表观效果

为减少摊铺时混合料的离析现象,把摊铺机送料螺旋改装成反转螺旋,同时把摊铺机前挡板加装软胶挡板,避免摊铺机前进时集料向下、细集料在上的现象。碾压混凝土铺筑完成后表面平整、密实,形成一定强度,车辆通行后,表面不会出现松散碎石(图7.1-3、图7.1-4),取出的芯样密实、完整(图7.1-5、图7.1-6)。

图 7.1-3　碾压混凝土施工完成后平整

图 7.1-4　碾压混凝土基层平整、密实

图 7.1-5　碾压混凝土芯样(一)

图 7.1-6　碾压混凝土芯样(二)

采用土工布覆盖＋薄膜的方式进行养生，提高碾压混凝土的养生效果；切缝和灌缝是碾压混凝土重要的施工环节，应把握好时间，一般要尽早。在切缝时不产生崩边即可，同时保证缝的深度(图 7.1-7、图 7.1-8)。

图 7.1-7　碾压混凝土基层养生

图 7.1-8　碾压混凝土基层切缝

(2)碾压混凝土基层沥青路面使用效果

云罗高速公路上基层采用 24cm 碾压混凝土基层，是省内第一条全线采用碾压混凝土基层的沥青路面，碾压混凝土基层的设计弯拉强度为 3.0MPa，碾压混凝土基层的横向切缝间距按 10m 控制，切缝处防反射裂缝的措施采用 1m 宽的长丝烧毛土工布骑缝布设，一期工程通车

近 2 年。目前，沥青路面基本上没有裂缝出现。

①路面破损状况。

2014 年，云罗全线主车道各区间路面损坏状况指数 PCI 整体评价为“优”等级。A、B 车道(主车道)路面状况指数 PCI 都为 99.7。路面总体病害较少。仅广西方向 AK8、AK18、AK39 和广州方向 BK9、BK6 存在极个别裂缝，广西方向(A 车道)裂缝长 69m；广州方向(B 车道)裂缝长 56m。

②路面平整度。

2014 年，路面行驶质量状况指数总体评价为优良，A 车道路段国际平整度指数(IRI)平均值为 1.25m/km；B 车道路段国际平整度指数(IRI)平均值为 1.24m/km。仅 A 车道有 200m 长度 IRI 百米平均值处于“中”及以下等级。

③路面车辙深度。

路面车辙深度指数 RDI 评定等级均为“优”，A、B 车道路面车辙深度(RD)平均值都为 3.8mm，A、B 车道路面车辙深度(RD)百米最大值分别为 7.0mm、6.7mm。

④路面结构强度。

2014 年，路面结构强度抽测路段中，A、B 车道结构强度 PSSI 分别为 99.4、99.0。A、B 线整体结构强度均处于“优”。

7.2　梅大高速公路碾压混凝土基层沥青路面

7.2.1　项目概况

梅州市梅县至大埔高速公路位于广东省东北部山区，起点与梅州市西环高速公路程江至三角段对接，途经梅县的龙上、龙坑、西阳镇、丙村镇、雁洋镇三乡后进入大埔县，经银江镇昆仑、大麻镇，止于大埔县的三河镇，远期往东北延伸至省界(大埔县西河镇上黄沙村)与福建永春至永定高速公路对接，全长 61.319km。

项目主线采用高速公路标准，设计速度 100km/h，双向四车道，整体式路基标准宽度为 24.5m，分离式路基标准宽度为 12.5m；丙村连接线采用一级公路设计标准，设计速度 80km/h，双向四车道，路基标准宽度 21.5m。

梅大高速公路主线沥青路面结构为：面层为 5cm GAC-20F(PG82-10 改性沥青)＋7cm GAC-25(PG82-10 改性沥青)的沥青混凝土面层；主线沥青桥面铺装结构为 5cm GAC-16C(PG82-10 改性沥青)＋5cm GAC-25(PG82-10 改性沥青)的沥青混凝土面层，基层为 24cm 碾压混凝土＋18cm 4%～5%水泥稳定级配碎石＋18cm 3%～4%水泥稳定级配碎石，垫层为 15cm 未筛分级配碎石，总厚度为 87cm。

7.2.2　碾压混凝土基层设计及施工情况

1)配合比设计

根据因地制宜、合理使用当地原材料的原则，按第 3 章 3.3.4 小节的配合比设计方法，共进行了两次配合比设计试验，以保证梅大高速碾压混凝土基层路面的施工能持续、顺利进行。

第一次配合设计试验最终确定的施工配合比为15～25mm碎石∶5～15mm碎石∶0～5mm石屑∶砂＝32∶26∶20∶22，四档材料用量总和为2 144kg/m^3，水泥用量240kg/m^3，用水量130kg/m^3，碾压混凝土成型压实度为95％。

第二次配合设计试验最终确定的施工配合比为15～25mm碎石∶5～15mm碎石∶0～5mm石屑∶砂＝35∶23∶20∶22，四档材料用量总和为2 111kg/m^3，水泥用量245kg/m^3，用水量132kg/m^3，碾压混凝土成型压实度为95％。配制的碾压混凝土各项指标试验结果分别见表7.2-1、表7.2-2。

第一、第二次配合比设计混合料合成级配见表7.2-3、表7.2-4及图7.2-1、图7.2-2。

第一次碾压混凝土配合比试验结果 表7.2-1

检测项目	28d抗弯拉强度(MPa)	28d抗压强度(MPa)	改进VC值(s)	试样表面评分
设计要求	3.00	20	20～35	4～5
配制要求	3.89	25	20～35	4～5
实测结果	4.01	27.1	32	5

第二次碾压混凝土配合比试验结果 表7.2-2

检测项目	28d抗弯拉强度(MPa)	28d抗压强度(MPa)	改进VC值(s)	试样表面评分
设计要求	3.00	20	20～35	4～5
配制要求	3.89	25	20～35	4～5
实测结果	3.93	26.6	34	5

第一次碾压混凝土配合比设计级配 表7.2-3

筛孔尺寸(mm)	通过下列筛孔的质量百分率(％)										
	31.5	26.5	19	16	9.5	4.75	2.36	1.18	0.6	0.3	0.15
上限	100	100	95	87	68	54	45	35	25	17	12
下限	100	95	78	59	44	34	26	18	12	5	3
中值	100	97.5	86.5	73.0	56.0	44.0	35.5	26.5	18.5	11	7.5
设计级配	100	98.8	82.3	76.9	55.4	41.9	31.2	23.0	15.0	5.7	3.8

第二次碾压混凝土配合比设计级配 表7.2-4

筛孔尺寸(mm)	通过下列筛孔的质量百分率(％)										
	31.5	26.5	19	16	9.5	4.75	2.36	1.18	0.6	0.3	0.15
上限	100	100	95	87	68	54	45	35	25	17	12
下限	100	95	78	59	44	34	26	18	12	5	3
中值	100	97.5	86.5	73.0	56.0	44.0	35.5	26.5	18.5	11	7.5
设计级配	100	99.6	92.5	85.8	61.5	43.2	31.9	23.5	15.5	6.0	4.0

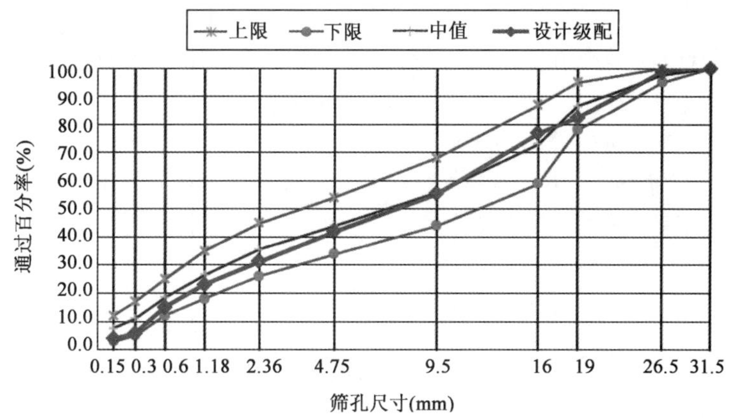

图 7.2-1　第一次碾压混凝土配合比设计混合料级配曲线

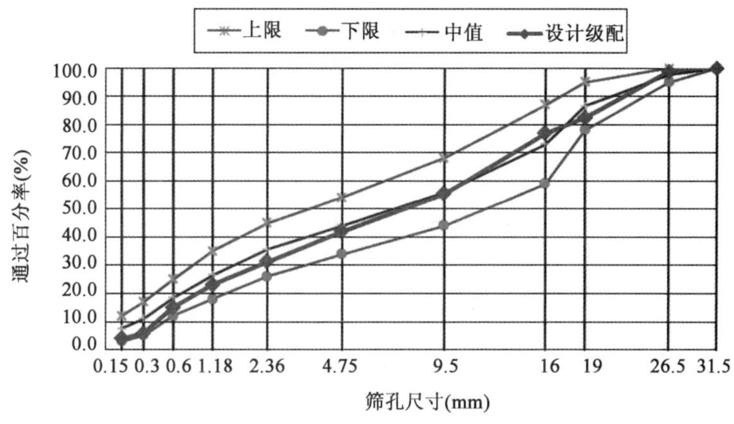

图 7.2-2　第二次碾压混凝土配合设计混合料级配曲线

2)碾压混凝土基层施工情况

采用第一次配合比设计试验确定的配合比铺筑碾压混凝土基层试验段，第二次配合比设计试验确定的配合比并没有进行试验段铺筑，而是铺筑完毕经质检后直接进行大面积施工。本次 RCC 上基层试验段的施工位置在大埔方向的 K45＋630～K46＋070 路段，长度为 440m。试验段分两次摊铺，7 月 24 日施工了 K45＋630～K45＋860(右幅)，施工长度为 230m；7 月 25 日紧接第一天的施工位置，在 K45＋860～K46＋070(右幅)路面，施工长度为 210m。

施工中，考虑到拌和站水泥计量的稳定性与生产中水泥剂量损失等因素，为了保证混合料生产中水泥剂量符合最佳水泥用量，混合料生产时增加了 0.5％的水泥用量；另外，由于天气炎热，考虑到碾压混凝土在运输途中的水分蒸发损失，在实际生产时也增加了 0.5％的含水率，以补偿施工过程中的水分蒸发损失。

(1)前场混合料含水率及路面压实度、厚度抽检结果见表 7.2-5。

RCC 混合料含水率及路面压实度、厚度检测结果　　　　表 7.2-5

测 点 桩 号	距离中心线位置	压实度(％)	含水率(％)	路面厚度(cm)	抽检日期
K45＋660	右幅 7.5m	96.0	5.7	24.5	7 月 24 日
K45＋760	右幅 7.3m	96.1	6.2	24.6	7 月 24 日

续上表

测 点 桩 号	距离中心线位置	压实度(%)	含水率(%)	路面厚度(cm)	抽检日期
K45+810	右幅 6.4m	95.3	5.4	24.1	7月24日
K45+880	右幅 6.5m	96.4	5.8	24.5	7月25日
K45+930	右幅 8m	96.3	6.4	24.8	7月25日
K45+980	右幅 3.5m	96.7	5.8	24.7	7月25日
设计要求	代表值	≥95	—	23.2	—
	极值	≥93	—	22.5	—

现场路面整体压实度良好;现场碾压混凝土含水率均符合设计要求;路面厚度控制良好,均符合设计文件的要求。

(2)现场平整度检测结果见表 7.2-6。

RCC 基层平整度检测结果 表 7.2-6

起点桩号	路幅	车道	测试值(mm)										平均值(mm)	不合格尺数	合格率(%)
			1	2	3	4	5	6	7	8	9	10			
K45+680	右幅	超	3.4	4.8	4.2	3.4	2.5	3.8	3.6	5.2	4.2	6.1	4.1	0	100
K45+690	右幅	主	2.5	3.7	5.4	4.2	3.1	5.8	4.6	6.3	6.2	6.9	4.9	0	100
K45+720	右幅	超	5.0	4.8	6.2	7.4	3.1	3.8	4.3	4.7	6.5	7.2	5.3	0	100
K45+730	右幅	主	2.2	5.3	4.8	7.8	5.5	6.2	8.2	4.9	5.0	3.6	5.4	1	90
K45+810	右幅	主	6.2	4.5	6.0	5.3	4.4	8.8	4.7	6.6	6.3	5.8	5.9	1	90
K45+840	右幅	主	4.6	6.2	6.4	5.8	6.1	4.2	3.5	2.6	7.2	4.9	5.2	0	100
K45+980	右幅	主	5.8	3.4	4.5	7.3	4.1	3.9	2.4	5.5	5.8	7.2	5.0	0	100

由 RCC 路面平整度检测结果可知,路面整体平整度良好,合格率均在 90%以上(图 7.2-3~图 7.2-6)。

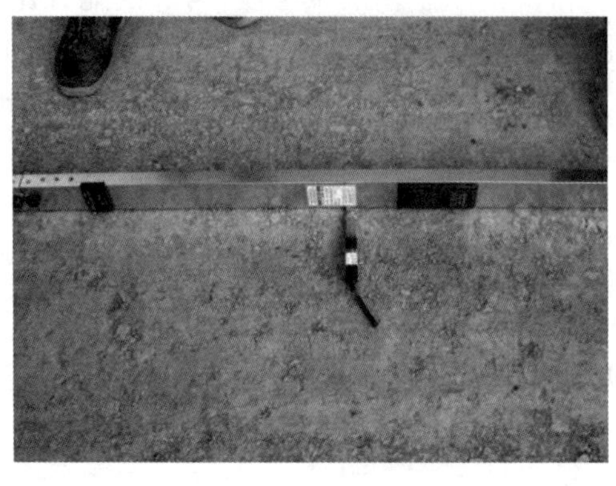

图 7.2-3 RCC 路面平整度检测(一)

图 7.2-4 RCC 路面平整度检测(二)

7.2.3 碾压混凝土基层铺筑及使用效果

梅大高速公路碾压混凝土基层路面施工效果如图 7.2-7 所示。

图 7.2-5　切缝深度

图 7.2-6　灌缝效果

图 7.2-7　碾压混凝土基层路面施工效果

本工程的亮点，是在梅州地区集料匮乏且质量普通较差的现状下，通过优化碾压混凝土配合比设计、加强前后场施工质量监控、严格按施工方案组织施工、及时按施工指南要求进行养护等措施，整个路段极少出现因自然干缩、温缩而产生的收缩裂缝，通车一年多后，也未发现有反射裂缝出现。

7.3　广乐高速公路碾压混凝土基层沥青路面

7.3.1　广乐高速公路项目概况

广乐高速公路起于湘粤省界的小塘，北接京珠澳高速公路湖南段，经乐昌、韶关、英德、清远等市，止于广州市花都区花山镇，南接广州机场高速公路北延线。广乐高速是京港澳高速公路粤境段，建成之后将成为继京港澳高速公路之后又一条连接湖南以及中部省市通往珠江三角洲的大动脉。项目的建设，将进一步加强粤北地区及珠三角地区的经济联系，不仅是完善广东省南北高速公路网的需要，同时对缓解京港澳高速公路粤北段的交通压力有重大意义，项目于 2014 年 9 月 28 日建成通车。

广乐高速公路全线长约 302km,其中 LM2、LM4 合同段(共 83.6km)采用碾压混凝土基层沥青路面,路面结构见图 7.3-1。

4.5cm GAC-116 改性沥青混凝土
5.5cm GAC-20 改性沥青混凝土
8cm ATB-25 沥青混凝土
封层(6mm 改性沥青+瓜米石封层)
24cm 碾压混凝土基层
18cm 4%～5% 水泥稳定碎石
18cm 3%～4% 水泥稳定碎石
厚 20cm 碎石垫层

图 7.3-1　广乐高速公路碾压混凝土基层路面结构

7.3.2　广乐高速公路基层碾压混凝土设计情况

1)原材料选择

(1)LM2 一分部原材料指标试验结果

①水泥。

试验所用水泥取自施工现场,为湖南良田水泥有限公司生产的岭东牌 P.C32.5 复合硅酸盐水泥,水泥强度等级 32.5,水泥的主要指标检测结果见表 7.3-1。

水泥物理性质表　　表 7.3-1

项目	凝结时间(min)		3d 强度指标(MPa)		28d 强度指标(MPa)		密度(g/cm³)	安定性
	初凝	终凝	抗压	抗弯拉	抗压	抗弯拉		
测试值	321	384	18.5	4.0	34.8	8.1	2.94	合格
要求	≥180	≥360	≥10.0	≥2.5	≥32.5	≥5.5		

②集料。

本试验所用粗细集料、石屑来源于韶关兴华石场,取样地点:LM2 标项目部拌和场,河砂为韶关龙归老苏坝河砂,检测结果见表 7.3-2～表 7.3-5。

碎石主要指标试验结果　　表 7.3-2

检测项目	技术要求	试验结果		
		20～30mm	10～20mm	5～10mm
坚固性(%)	<12	—	3	—
压碎值(%)	<26	—	20.7	—
针片状含量(%)	<18	5.2	6.0	7.4
泥块含量(%)	<0.5	0.1	0.1	0.2
含泥量(水洗法)(%)	<1.0	0.5	0.6	0.9
吸水率(%)	<2	0.32	0.36	0.62
表观密度(kg/m³)	>2 500	2 750	2 740	2 740

续上表

检 测 项 目	技术要求	试 验 结 果		
		20～30mm	10～20mm	5～10mm
硫化物及硫酸盐含量(%)	<1.0	0.006	0.005	0.005
有机物含量(比色法)	合格	合格	合格	合格

石屑主要指标试验结果　　表 7.3-3

项　　目	技 术 要 求	0～3mm
泥块含量(%)	<2	0.5
砂当量(%)	≥60	75
0.075mm 筛孔以下颗粒含量(%)	<18	10.2
表观密度(kg/m^3)	>2 500	2 720

河砂主要指标试验结果　　表 7.3-4

项　　目	技 术 要 求	0～3mm
细度模数	2.0～3.5	3.39
泥块含量(%)	<2	0.3
砂当量(%)	≥60	76
0.075mm 筛孔以下颗粒含量(%)	<3	2.9
表观密度(kg/m^3)	>2 500	2 640

各档集料筛分结果　　表 7.3-5

集 料 类 别	通过下列筛孔的质量百分率(%)							
	31.5	26.5	19	9.5	4.75	2.36	0.6	0.075
20～30mm	100	88.1	9.8	0.6	0.6	0.6	0.6	0.5
10～20mm	100	100	91.6	5.5	0.6	0.6	0.6	0.5
5～10mm	100	100	100	90.2	4.7	1.0	1.0	1.0
0～5mm	100	100	100	100	94.6	61.6	27	10.2
砂	100	100	100	100	93	65	30.6	2.9

(2)LM2 桂头分部原材料试验结果(昌山石场)

①水泥。

试验所用水泥取自施工现场，为湖南良田水泥有限公司生产的岭东牌 P.C32.5 复合硅酸盐水泥，水泥的主要指标检测结果见表 7.3-1。

②集料。

本试验所用粗细集料、石屑来源于乐昌昌山石场，河砂为韶关新港河砂，检测结果见表 7.3-6～表 7.3-9。

碎石主要指标试验结果　　表 7.3-6

检 测 项 目	技术要求	试 验 结 果			
		22～30mm	12～22mm	6～12mm	3～6mm
坚固性(%)	<12	2	2	2	3

续上表

检测项目	技术要求	试验结果			
		22～30mm	12～22mm	6～12mm	3～6mm
压碎值(%)	<26	—	19	—	—
针片状含量(%)	<18	6.4	9.4	8.2	—
泥块含量(%)	<0.5	0	0	0.1	0.1
含泥量(水洗法)(%)	<1.0	0.2	0.2	0.2	0.4
吸水率(%)	<2	0.21	0.3	0.44	0.92
表观密度(kg/m^3)	>2 500	2 724	2 722	2 722	2 722
硫化物及硫酸盐含量(%)	<1.0	0.005	0.005	0.005	0.005
有机物含量(比色法)	合格	合格	合格	合格	合格

石屑主要指标试验结果　表 7.3-7

项目	技术要求	0～3mm
砂当量(%)	≥60	62
0.075mm 筛孔以下颗粒含量(%)	<18	15.5
表观密度(kg/m^3)	>2 500	2 704

河砂主要指标试验结果　表 7.3-8

项目	技术要求	河砂
泥块含量(%)	<2	0.3
砂当量(%)	≥60	90
0.075mm 筛孔以下颗粒含量(%)	<3	1.2
表观密度(kg/m^3)	>2 500	2 622

各档集料筛分结果　表 7.3-9

集料类别	通过下列筛孔的质量百分率(%)							
	31.5	26.5	19	9.5	4.75	2.36	0.6	0.075
22～30mm	100	95.5	8.8	0.2	0.2	0.2	0.2	0.1
12～22mm	100	100	95	10.1	1.7	1.0	0.5	0.2
6～12mm	100	100	100	99.2	13.4	1.2	0.4	0.2
3～6mm	100	100	100	100	75.2	3	1.1	1.1
0～3mm	100	100	100	100	99.6	81	39.4	15.5
河砂	100	100	100	100	92.2	78.2	38	1.5

(3)LM4 一工区原材料试验结果(上下李石场)

①水泥。

试验所用水泥取自施工现场，为英德龙山水泥有限公司生产的海螺牌 P.C32.5 复合硅酸盐水泥，水泥强度等级 32.5，水泥的主要指标检测见表 7.3-10。

②集料。

本试验所用粗细集料来源于上下李石场，河砂取自观音山砂场，检测结果见表 7.3-11～

表 7.3-14。

水泥物理性质表

表 7.3-10

项　目	凝结时间(min)		3d 强度指标(MPa)		28d 强度指标(MPa)		安定性	密度(g/cm³)
	初凝	终凝	抗压	抗弯拉	抗压	抗弯拉		
测试值	335	385	21.6	5.1	39.8	8.1	合格	2.95
要求指标	≥180	≥360	≥10.0	≥2.5	≥32.5	≥5.5		

粗集料主要指标试验结果

表 7.3-11

检 测 项 目	技术要求	试 验 结 果		
		20～30mm	10～20mm	5～10mm
压碎指标(%)	<26	—	12.3	—
针片状含量(%)	<18	2.2	3.9	3.2
含泥量(水洗法)(%)	<1.0	0.5	0.4	0.9
表观密度(kg/m³)	>2 500	2 750	2 760	2 760

石屑主要指标试验结果

表 7.3-12

项　　目	技 术 要 求	0～3mm
砂当量(%)	≥60	88
0.075mm 筛孔以下颗粒含量(%)	<18	10.8
表观密度(kg/m³)	>2 500	2 710

河砂主要指标试验结果

表 7.3-13

项　　目	技 术 要 求	检 测 结 果
砂当量	≥60	96
含泥量(冲洗法)(%)	<3	0.6
细度模数	2.0～3.5	2.7
表观密度(kg/m³)	>2 500	2 620

各档集料筛分结果

表 7.3-14

集 料 类 别	通过下列筛孔的质量百分率(%)							
	31.5	26.5	19	9.5	4.75	2.36	0.6	0.075
20～30mm	100	97.7	28.2	2.3	0.7	0.7	0.7	0.6
10～20mm	100	100	97.2	4.5	0.5	0.5	0.5	0.4
5～10mm	100	100	100	94.6	5.5	1.2	1.1	1.0
0～5mm	100	100	100	100	96.8	70.4	28.9	10.6
河砂	100	100	100	100	98.7	93.4	43.2	0.5

(4)LM4 三工区原材料试验结果(马鞍山石场)

①水泥。

试验所用水泥取自施工现场，为英德龙山水泥有限公司生产的海螺牌 P.C32.5 复合硅酸盐水泥，水泥强度等级 32.5，水泥的主要指标检测见表 7.3-10。

②集料。

本试验所用粗细集料来源于马鞍山石场，河沙取自观音山砂场，检测结果见表7.3-15～表7.3-18。

碎石主要指标试验结果

表7.3-15

检测项目	技术要求	试验结果		
		19～31.5mm	9.5～19mm	4.75～9.5mm
压碎值(%)	<26	—	20.7	—
针片状含量(%)	<18	3.8	8.6	5.3
泥块含量(%)	<0.5	0.1	0.1	0
含泥量(水洗法)(%)	<1.0	0.3	0.2	0.3
表观密度(kg/m^3)	>2 500	2 723	2 725	2 726
硫化物及硫酸盐含量(%)	<1.0	0.005	0.005	0.005

石屑主要指标试验结果

表7.3-16

项目	技术要求	0～3mm
泥块含量(%)	<2	0.2
砂当量(%)	≥60	62
0.075mm筛孔以下颗粒含量(%)	<18	3.8
表观密度(kg/m^3)	>2 500	2 710

河砂主要指标试验结果

表7.3-17

项目	技术要求	0～3mm
泥块含量(%)	<2	0.1
砂当量(%)	≥60	92
细度模数	2.0～3.5	2.65
含泥量(冲洗法)(%)	<3	0.4
表观密度(kg/m^3)	>2 500	2 630

各档集料筛分结果

表7.3-18

集料类别	通过下列筛孔的质量百分率(%)							
	31.5	26.5	19	9.5	4.75	2.36	0.6	0.075
20～30mm	100	95.1	10.2	0.9	0.1	0.1	0.1	0.1
10～20mm	100	100	93.7	3.1	0.1	0.1	0.1	0.1
5～10mm	100	100	100	91.8	3.6	1	0.4	0.4
0～5mm	100	100	100	100	91.5	63.7	31	11.3
河砂	100	100	100	100	98.8	91.3	44.3	0.9

2)配合比优化设计

碾压混凝土配合比设计的基本思想是满足设计弯拉强度、工作性、耐久性和经济性的要求。基层碾压混凝土主要考虑前两项技术要求，在满足前三项技术要求的前提下，碾压混凝土配合比应尽可能经济。

(1)设计指标

①强度指标。以 28d 抗弯拉强度作为 RCC 试验配合比设计指标，28d 抗弯拉强度 3.0MPa。施工过程中，7d 抗压强度按 12MPa 控制。

②工作性。碾压混凝土工作性以改进 VC 值评定，其值宜控制在 30s±5s，出搅拌机口改进 VC 值宜取下限，碾压时的改进 VC 值不应超过上限。

③耐久性。为保证基层碾压混凝土的耐久性能，基层碾压混凝土的水泥用量不宜少于 220kg/m^3。

(2)碾压混凝土配合比设计优化结果汇总

从满足配制强度、施工和易性、工程经济性等方面综合考虑，选定的配合比见表 7.3-19，各标段确定的碾压混凝土的级配见表 7.3-20，碾压混凝土成型压实度为 95%，配制的碾压混凝土各项指标试验结果见表 7.3-21。

各标段碾压混凝土配合比汇总　　表 7.3-19

标　段	20～30mm	10～20mm	5～10mm	0～5mm	河砂	水泥剂量(%)	含水率(%)	理论密度(g/m^3)
LM2 一分部	14	30	15	24	17	9.9	4.5	2 551
LM2 二分部	10	30	18	26	16	9.9	4.5	2 550
LM4 一工区	14	28	17	24	17	9.9	4.5	2 541
LM4 三工区	14	27	17	25	17	9.9	4.6	2 537

各标段确定的碾压混凝土设计级配　　表 7.3-20

筛孔尺寸(mm)	通过百分率(%)							
	31.5	26.5	19	9.5	4.75	2.36	0.6	0.075
LM2 一分部	100	98.3	84.9	56.3	39.5	26.2	12.1	3.3
LM2 二分部	100	99.6	89.4	62.9	41.9	28.6	13.9	3.4
LM4 一工区	100	99.7	89.2	58.7	41.2	33.2	14.7	3.0
LM4 三工区	100	99.3	85.7	58.6	40.3	31.7	15.4	3.1
中值	100	95	85	59.5	42.5	31.5	16.5	3.5
上限	100	100	95	72	55	42	25	7
下限	100	90	75	47	30	21	8	0

各标段碾压混凝土各项指标试验结果　　表 7.3-21

标　段	28d 抗弯拉强度(MPa)	7d 抗压强度(MPa)	改进 VC 值(s)
LM2 一分部	4.07	17.3	28
LM2 桂头分部	4.11	16.8	26
LM4 一工区	4.15	17.8	24
LM4 三工区	4.07	25.1	28

7.3.3　碾压混凝土基层施工设备的改进情况

①碾压混凝土基层拌和设备采用改进的水稳拌和设备，均采用双拌缸进行二次拌和(拌缸

总长度大于 6m)，确保碾压混凝土拌制均匀。

②一个工作面施工，配备 2 台改进的水稳拌和站，每台拌和机碾压混凝土的有效产量均大于 350t/h，每台拌和站均配备 400t 储存能力的水泥罐，以保证碾压混凝土拌和站能正常连续生产 10h 以上的要求。

③拌和站的混凝土计量允许偏差符合以下规定：水泥为±1%；粗细集料为±3%；水为±1%。

④摊铺设备应具有足够的功率，功率应达到 140kW 以上。

⑤双向四车道高速公路施工，每天施工路段单幅不足 500m 的应至少配备 2 台切缝设备，每天施工路段单幅超过 500m 以上的，每增加 300m 应增加 1 台切缝设备，对于多车道高速公路，应按相应的车道数与双车道的比例增加切缝设备的数量。

现把广乐高速公路碾压混凝土基层采用的主要施工设备列表对比，为以后碾压混凝土施工提供参考依据(表 7.3-22～表 7.3-25)。

广乐高速公路碾压混凝土基层用摊铺机对比 表 7.3-22

技术参数	LM2 一分部	LM2 二分部	LM4 一工区	LM4 三工区	备注
摊铺机型号	DTU90D	DTU95C	SUM820	RP952	2 台
生产厂家	中联	三一重工	陕建机	徐工	—
摊铺机功率(kW)	140	140	175	140	—
最大摊铺宽度(m)	9	9.5	9	9.5	—
最大摊铺厚度(mm)	300	300	500	350	—
振动频率(Hz)	0～50	0～50	—	0～42	—
理论生产率(t/h)	600	800	900	700	—
料斗容积(t)	14	14	16	14	—
整机质量(kg)	20 000～25 000	23 230～24 510	24 670	21 300～28 600	—

LM2 标一分部碾压混凝土施工主要设备 表 7.2-23

设备名称	设备型号	单位	数量	备注
碾压混凝土拌和机	WCB600E	台	2	双拌缸，5 个配料仓
大功率摊铺机	DTU90D	台	2	—
单钢轮压路机	BM226DH	台	1	—
单钢轮压路机	W1801F	台	1	—
双钢轮压路机	DD130/13T	台	1	—
装载机	ZL50	台	3	—
洒水车	WHG5140GSSE	台	2	—
运输车	自卸	台	12	—

LM2 标一分部碾压混凝土施工主要设备 表 7.3-24

设备名称	设备型号	单位	数量	备注
碾压混凝土拌和机	WCB600F	台	2	双拌缸，6 个配料仓
大功率摊铺机	三一 DTU95C	台	2	最大摊铺宽度 9.5m，摊铺厚度 10～35cm，140kW

续上表

设备名称	设备型号	单位	数量	备注
单钢轮压路机	26t	台	1	三一重工
单钢轮压路机	22t	台	2	山东临工
双钢轮压路机	BW202AD-2	台	1	德国宝马，12t
装载机	ZL50	台	4	徐工集团，$5m^3$
洒水车	ZLJ5163GQXTE3	台	1	中联重科，10t
运输车	$18m^3$	台	12	—

LM4标碾压混凝土施工主要设备　　表7.3-25

序号	机械设备名称	单位	数量	备注
1	水泥稳定土拌和站(WCB500型)	台	4	良好
2	水泥稳定料摊铺机(RP952)	台	2	140kW
3	水泥稳定料摊铺机(SUM820)	台	2	175kW
4	YZ26单钢轮振动压路机	台	1	良好
5	YZ20单钢轮振动压路机	台	2	良好
6	双钢轮压路机DD138	台	1	良好
7	碾压混凝土试验仪器	套	2	良好
8	拓普康全站仪	台	1	良好
9	莱卡NA2自动安平水准仪	台	2	良好
10	30T自卸车	辆	30	良好
11	WA380装载机	台	4	良好
12	12T洒水车	台	2	良好

7.3.4　碾压混凝土基层铺筑及使用效果

(1)碾压混凝土基层铺筑亮点

广乐高速公路碾压混凝土基层的均匀性、平整度大幅度提高，碾压混凝土基层的施工质量大幅度提高，主要有以下亮点供后续工程参考借鉴：

①广乐高速公路基层碾压混凝土配合比设计，按正交试验法进行配合比设计，优化碾压混凝土的配合比，最终选定了各项性能较优配合比，为碾压混凝土基层的施工提供了技术保障。

②采用改进型(两个拌缸，见图7.3-2)连续式水稳拌和站进行碾压混凝土生产，通过二次搅拌，延长了搅拌时间，提高了碾压混凝土混合料的均匀性。

③拌和站产能一定要跟摊铺现场相匹配，每个碾压混凝土施工点均投入两台加装二级拌缸的500型连续式水稳拌和站。保证前场连续摊铺，提高碾压混凝土基层的平整度。

④严格控制混合料含水率，及时根据检测结果调整加水量。发现含水率异常应及时通知拌和楼调整。

⑤采用大功率的摊铺设备(陕建SUM820型大功率摊铺机，175kW)进行碾压混凝土基层的摊铺工作，最大摊铺厚度达到50cm，熨平板夯锤力度大，松铺系数达到1.25左右即可达到

要求，摊铺效果比较理想。

图 7.3-2　双拌缸的水稳拌和站

⑥摊铺过程中应充分调整好摊铺机，避免出现料槽混合料不足或夯锤力度不均匀导致铺面密实度不均匀；提高碾压混凝土基层的均匀性和平整度。

⑦碾压设备采用 3 台单钢轮（图 7.3-3），2 台双钢轮，增加了 1 台 26t 单钢轮压路机，压实效果更好，碾压交界段采用大拐弯的方法进行碾压（图 7.3-4），提高碾压交界段的平整度。

⑧碾压段落控制在 50m 左右，减少压路机折返位置，提高平整度，碾压方式采用“大循环”的方式，有效地防止漏压及保证压实遍数，确保压实度。初压采用在双钢轮静压稳压一遍的基础上再进行振压的方式，能有效减少混合料的推移，对提高平整度较为有利。

图 7.3-3　碾压混凝土基层碾压

图 7.3-4　碾压混凝土基层碾压

图 7.3-5　碾压混凝土基层养生

⑨碾压完成后并经检查合格的碾压混凝土基层应立即开始养生，养生期为 7d。养生采用覆盖土工布＋洒水＋塑料薄膜的方式进行（图 7.3-5）。

⑩切缝时间掌握好，在缝不蹦角的情况下能早切尽量早切，清缝、灌缝及时处理，清缝效果见图 7.3-6 及图 7.3-7，下封层施工前粘贴好土工布（布设土工布前涂刷乳化沥青），见图 7.3-8。

广乐高速公路碾压混凝土基层施工质量优良，没有产生不规则裂缝，平整度控制良好，通过取芯检验，沥青面层与混凝土基层之间的联结效果非学好，见图 7.3-9，施工期在施工车辆荷载的作用下也没有产生其他病害，通过现场技术咨询与质量监控的结果来看，碾压混凝土基层可以修成耐久性基层，能够起到承载、抗冲刷的作用。

图 7.3-6　切缝、清缝效果

图 7.3-7　碾压混凝土基层表观效果

图 7.3-8　反射裂缝土工布布设效果

图 7.3-9　典型芯样 ZK138+445(层间连接)

(2)广乐高速公路碾压混凝土基层沥青路面使用效果

广乐高速公路于 2014 年 9 月 28 日建成通车，是京港澳高速公路(粤境段)的复线，通车后交通量迅速增大，目前日断面交通量超过 3 万辆，重载车的比例达 30%，碾压混凝土基层沥青路面的使用性能良好，长期的使用效果还有待时间的进一步检验。

(3):117-119.

[49] 牛开民.碾压混凝土的路面横向缩缝间距的研究[J].公路交通科技,1997(1):40-45.

[50] 邹太平.碾压路面机械施工的一点体会[J].公路,1993(7):27-36.

[51] 李世绮.路面碾压混凝土性能及对施工要求[J].公路交通科技,1999(1):7-12.

[52] 吴刘中.粉煤灰碾压混凝土在高等级路面工程中的应用[J].建材技术与应用,2006(2):1-3.

[53] 李陆平,王吉连,袁丹诚.碾压混凝土基层与沥青混凝土路面的工程应用[J].城市道桥与防洪,2007(8):14-16.

[54] 王义忠.复合式混凝土路面在高速公路上的应用[J].公路,1994(7):6-9.

[55] 王家男.碾压混凝土在公路工程中的应用[J].公路,1998(3):18-23.

[56] 姜珏,李阳,周保卫.碾压灰渣混凝土用于市政道路基层的试验研究与工程应用[J].粉煤灰,2003(4):29-32.

[57] 陈艳.碾压混凝土基层在京珠高速公路扩建工程中的应用[J].公路交通技术,2007(3).

[58] 张国军,刘超飞.清连高速公路碾压混凝土基层施工技术的探讨[J].交通标准化,2009(1).

[59] 夏志强,王继民.碾压混凝土在软土路基中的应用[J].市政技术,2006,24(1):4-6.

[60] 广东省交通集团营运高速公路荷载状况调查及影响分析报告[R].广州:广东华路交通科技有限公司,2010.

[61] 乐昌至广州高速公路路面结构方案咨询报告[R].广州:华南理工大学,2010.

[62] 邓学钧,黄晓明.路面设计原理与方法[M].北京:人民交通出版社,2001.

[63] 姚祖康.水泥混凝土路面设计[M].合肥:安徽科学技术出版社,1999.

[64] 沈金安.国外沥青路面设计方法总汇[M].北京:人民交通社出版社,2004.

[65] 邓学钧,等.刚性路面设计[M].北京:人民交通出版社,1990.

[66] 彭纯哲.碾压混凝土与沥青混凝土复合式路面的设计与施工[J].工程与建设,2006(5):476-478.

[67] 黄晓明,等.高速公路沥青路面设计理论与方法[M].北京:交通人民出版社,2007.

[68] Huang. Y Hand Wang. S. T.. Finite element analysis of rigid pavements with. partial subgrade contact. HRR,1974(485):39-54.

[69] 李峰,等.长寿命沥青路面结构力学响应的三维有限元分析[J].上海公路,2004(2):11-12.

[70] 万鹏程.AC/RCC 复合式路面力学分析与设计方法[D].北京:北京市市政工程研究院,1995.

[71] 俞建荣,陈荣生.用沥青混凝土罩面的碾压混凝土路面板温度应力分析[R].子题报告之二,1994.

[72] 俞建荣,陈荣生.用沥青混凝土罩面的碾压混凝土路面板最大温度梯度[R].子题报告之一,1994.

[73] 中华人民共和国行业标准.JTG D40—2002 公路水泥混凝土路面设计规范[S].北京:人民交通出版社,2002.

[74] 黄仰贤.路面分析与设计[M].北京:人民交通出版社,1998.
[75] 杨士敏.碾压混凝土配合比设计方法研究[J].筑路机械与施工机械化,2000,17(88):1-3.
[76] 刘朝晖.碾压混凝土配合比设计方法的探讨[J].公路,1995(8):4-8.
[77] 胡长顺,王秉纲,等.复合式路面设计原理和施工技术[M].北京:人民交通出版社,1999.
[78] 中华人民共和国行业标准.JTG F30—2003 公路水泥混凝土路面施工技术规范[S].北京:人民交通出版社,2003.
[79] 栾军.试验设计的技术与方法[M].上海:上海交通大学出版社,1987.
[80] 严家伋.道路建筑与材料[M].北京:人民交通出版社,1999.
[81] 中华人民共和国行业标准.JTG D50—2006 公路沥青路面设计规范[S].北京:人民交通出版社,2006.
[82] 王选仓,王朝辉,张燕萍.复合式路面层间处治技术研究与发展[J].筑路机械与施工机械化,2008(2):9-12.
[83] 朱东.沥青路面养护维修对策的选择方法及软件开发[D].上海:同济大学,2010.
[84] 孙立军.道路与机场设施管理学[M].北京:人民交通出版社,2009.
[85] 温伟标,周勇,等.碾压混凝土基层在广梧高速公路中的应用研究[J].广东公路交通,2010(3):9-12.
[86] 周勇,刘宇.浅议水稳厂拌式碾压混凝土施工质量检查控制方法[J].混凝土,2010(3):141-144.
[87] 吴传海,赵顺根.广东地区轴载状况调查及其对路面车辙的影响分析[J].公路,2011(3):41-44.
[88] 许新权,吴传海.施工期荷载对耐久性基层沥青路面的影响分析[J].广东公路交通,2013(3):27-30.
[89] 周勇,吴传海.碾压混凝土干缩、温缩影响因素试验研究[J].广东公路交通,2014(3):1-4.
[90] 许新权,吴传海,等.湿热地区碾压混凝土基层沥青路面使用性能调查与分析[J].广东公路交通,2015(4):9-12.
[91] 许新权,方杨,等.连续厂拌式碾压混凝土基层在广乐高速公路中的应用[J].广东公路交通,2015(5):1-4.